高校学术研究论著丛刊

艺术体育

现代体育教学功能实现与创新应用

王海燕 著

中国书籍出版社
China Book Press

图书在版编目(CIP)数据

现代体育教学功能实现与创新应用 / 王海燕著. -- 北京：中国书籍出版社，2020.7
ISBN 978-7-5068-7914-9

Ⅰ.①现… Ⅱ.①王… Ⅲ.①体育教学－教学研究 Ⅳ.① G807.01

中国版本图书馆 CIP 数据核字（2020）第 132775 号

现代体育教学功能实现与创新应用

王海燕　著

丛书策划	谭　鹏　武　斌
责任编辑	吴化强
责任印制	孙马飞　马　芝
封面设计	东方美迪
出版发行	中国书籍出版社
地　　址	北京市丰台区三路居路 97 号（邮编：100073）
电　　话	（010）52257143（总编室）　（010）52257140（发行部）
电子邮箱	eo@chinabp.com.cn
经　　销	全国新华书店
印　　刷	三河市铭浩彩色印装有限公司
开　　本	710 毫米 × 1000 毫米　1/16
印　　张	15.5
字　　数	216 千字
版　　次	2021 年 4 月第 1 版　2021 年 4 月第 1 次印刷
书　　号	ISBN 978-7-5068-7914-9
定　　价	76.00 元

版权所有　翻印必究

目 录

第一章 体育教学概述 ··· 1
第一节 体育教学的概念与性质 ································· 1
第二节 体育教学的目标与结构 ································· 4
第三节 体育教学的特点与功能 ································· 8
第四节 体育教学的原理与原则 ································ 13

第二章 现代体育教学健身功能实现与实践应用 ······· 26
第一节 生理健康的基本理论 ···································· 26
第二节 体质健康的影响因素 ···································· 28
第三节 体育教学对身体健康的促进 ·························· 31
第四节 全民健身与体育教学的契合 ·························· 36

第三章 现代体育教学健心功能实现与创新培育 ······· 42
第一节 心理健康的基本理论 ···································· 42
第二节 心理健康的影响因素与维护 ·························· 49
第三节 体育教学对心理健康的促进 ·························· 51
第四节 体育教学中创造性思维的培养 ······················· 63

第四章 现代体育教学教育功能实现与应用创新 ······· 71
第一节 体育教学中的教育功能体现 ·························· 71
第二节 体育教学中的创新教育理念 ·························· 74
第三节 体育教学中创新教育功能的实现路径 ············ 87
第四节 素质教育在体育教学中的功能体现 ··············· 90

第五章 现代体育教学思想政治教育功能实现与优化应用 ··· 105
第一节 体育教学思想政治教育功能的具体体现 ······ 105

第二节 体育教学思想政治教育功能的
优化理念与原则…………………………………… 115
第三节 体育教学思想政治教育功能优化的媒介…… 124
第四节 体育教学思想政治教育功能优化的具体应用… 129

第六章 现代体育教学文化功能实现与应用反思……………… 136
第一节 当前文化语境中体育教学理念诉求…………… 136
第二节 体育教学文化功能体现………………………… 145
第三节 体育教学文化功能实现的路径………………… 153
第四节 体育教学改革实践中的文化反思……………… 160

第七章 现代体育教学社会功能实现与应用拓展……………… 165
第一节 体育教学中的社会基本理论…………………… 165
第二节 体育教学中生活功能的实现…………………… 167
第三节 体育教学中审美功能的实现…………………… 171
第四节 体育教学中的终身体育功能实现……………… 184

第八章 现代体育教学功能实现与创新应用的保障体系……… 200
第一节 积极培养和发展体育教学主体………………… 200
第二节 建立完善的体育教学体系……………………… 205
第三节 营造出和谐的体育教学环境…………………… 212
第四节 做好体育教学的科学管理工作………………… 219
第五节 在体育教学中应用新型科学技术……………… 224

参考文献………………………………………………………… 237

第一章 体育教学概述

当前,体育事业迅猛发展,并且取得了卓越成果。这与体育教学的顺利开展是有着密不可分的联系的。体育教学,是一种教育过程,其主要目标在于将体育的相关理论知识传授给学生,并且将体育相关的实践技能教授给学生,使学生的体质增强,并培养体育人才。本章首先介绍了体育教学的相关基础理论知识,包括其概念与性质、目标与结构、特点与功能、原理与原则等方面,由此,对体育教学建立起一个初步概念,为后续的深入剖析奠定基础。

第一节 体育教学的概念与性质

一、体育教学的概念

当前,关于体育教学的定义,还没有明确统一,众说纷纭。

《体育概论》一书中有关于体育教学概念的解释:体育教学就是指体育教师在重要思想指导下,为实现教学目的而按照相应的标准实施的一种教育行为。具体来说,这里所说的重要思想是指导体育全面发展和学生体育健康;教学目的是培养学生的终身体育锻炼意识和传授体育技巧和知识、培养学生思想道德;参照标准是国家教学大纲和院校教学计划。

从另一个角度来说,体育教学是知识的传习活动,其所传习的内容是特殊的知识——运动技术。这种传习活动是由处于主导地位的体育教师向学生传授所实现的。需要注意的是,在传习过程中,传习的内容要从简单开始,逐渐增加难度。可以说,体育教师和普通学生是体育教学概念的一对种差。以概念种属的确认为依据,可以将体育教学的概念界定为:在体育教师和普通学生之间展开的运动技术传习活动。

二、体育教学的性质

对体育教学性质的理解和认识,需要从两个方面入手,即学科性质和特征。

(一)体育教学的学科性质

1. 综合性

体育教学本身是一个综合性学科,其将理论性和应用性集于一体。这里所说的理论性,主要表现为体育教学论的研究内容,主要包括体育教学现象和特征、本质和规律等方面的基本问题,其中还将其理论性学科的特征体现出来,主要表现为体育教学基础理论科学性和系统性的提高。这里所说的应用性,则主要体现在体育教学论研究的基本理论要运用于体育教学实践,对教学实践进行指导,含有显著的应用性学科特征。这两个显著特征的综合,就体现出了体育教学的综合性学科特征。

2. 艺术性

体育教学还具有显著的艺术性特征,这一点从其研究的多个角度可得到体现。究其原因,是由于体育教学在传授人类优秀的体育文化成果的过程中,所包含的内容是多方面的,比如,较为直接的体育基本知识、技术技能等,除此之外,还有一些相关的教育知识,涉及体育思想、生理学、心理学、体育保健、行为和意识等方面。除此之外,还有一些边缘知识也是被纳入体育教学的艺术性知识范畴,比如体育教学过程中的口语和形体语言,美的欣赏和创造,美的体验和创新,人体活动过程中身心负荷调节控制,人与人之间思想和情感的交流等。由此,体现出了科学性、灵活性、艺术性和创造性等显著特征。

综上所述,体育教学的学科特征主要是指综合性特征,具体体现在理论性、应用性、艺术性这几个方面的集合。

(二)体育教学的特征

体育教学是教学的一种,它要遵循教学的一般原理,因此,其具有一般教学的特征。同时,其也有一般教学所不具有的专属特性,具体有以下几个方面。

1. 综合性

体育教学论的组成因素是体育教学的基本理论体系,但是,其在形成与发展过程中所涉及的理论知识是与很多学科有关的,这就将其跨学科的特征显现了出来。通过对这一特征的分析,不仅能体现出体育教学论的内涵,还能将其与多学科之间的密切关系体现出来。这里要特别强调的是,体育教学论并不是一门独立的学科,与其他多个学科之间都有着密切关系,可以说,其是从体育的角度出发,从其他学科中来吸取能够为体育服务的相关知识,这是体育教学论发展的重要基础。所以,体育教学论的发展对于其他相关学科基础理论还是有一定的依赖性的,这是其自身发展不可或缺的重要理论基础。

2. 实践性

体育教学论具有实践性,这主要是指它是从体育教学实践中发源而来的,并且最终在体育教学实践中加以运用;简而言之,就是它既来自实践,又服务于实践。这也从侧面体现出了体育教学实践的发展离不开体育教学论的产生和发展这一重要基础,体育教学实践能够进一步丰富和充实理论内涵,同时,理论也能对实践产生积极的指导。所以,体育教学是在体育教学实践的基础上不断发展的,并且这种发展与马克思唯物主义思维观和方法论的基本要求是相符的。

3. 传递性和发展性

体育教学论的发展,是在之前体育教学的研究成果和经验基础上进行的,人们对现实体育教学理论与实践问题不断进行加工和提炼,由此,本学科系统的理论体系便逐渐形成,并且逐渐发展成为一门独立的学科。

体育教学的一个重要功能,就是将人类在发展过程中所形成的体育文化、体育教育等方面的理论知识和实践技能逐渐传递下去,这就将体育教学论的形成、发展和功能特点等方面充分体现出来,同时,也将其传递性的特点体现了出来。

体育教学论主要对体育课程教育文化传递过程的本身进行研究,换句话说,就是通过归纳总结原有的体育课程教育文化成果,将其进行进一步的提炼、升华和创新。也可以将这一过程理解为体育教学基础理论不断充实、发展和创新的过程,这个过程本身就将体育教学论的传递性与发展性彼此联系和相互依存的辩证关系反映了出来。由此可见,体育教学的传递性和发展性特点显著。

第二节 体育教学的目标与结构

一、体育教学的目标

(一)体育教学目标的特性

体育教学目标本身也有其显著特性,具体分析,可以将其特性归纳为以下几点。

1. 前瞻性和曲折性

不同特性的体现方式是不同的,体育教学目标的前瞻性主要从老师对学生的指导作用上得到体现。而曲折性则将其激励作用体现了出来。体育教学目标就是未来要取得的一个效果,某种意义上是对未来事物的预测,因此,如果要制定一个科学、可行的体育教学目标,首先要做的就是对教学实际有一个全面且客观的了解与认识,其次还要参照学生现有水平、能力等,从而使教师和学生能够在经过一定的努力之后达成教学目标。可见,所制定的体育教学目标要有一定的难度,否则,就失去了努力的意义。

2. 方向性和终结性

体育教学目标中还要将特定的价值取向反映出来,而价值取向是具有明确的方向性的,这也就赋予了体育教学目标一定的方向性特点。体育教学目标的方向性特点,实际上就是指能够将他们应朝着什么方向努力、努力到什么程度、达到什么样的效果等问题明确地告诉体育教师与学生。

体育教学目标的终结性,所体现出的是体育教学目标对一定的学生所要达到的结果的期待。通常,可以将这里所说的终结理解为整个体育过程的互相联系的一个一个的"歇脚点",这与整个体育的终点是有区别的,不是等同的关系。

(二)体育教学目标的功能

体育教学目标作为体育教学的一个重要组成部分,也有其存在的意义与重要功能,具体表现如下。

1. 体育教学内容及教学方法选择的参照依据

体育教学目标对人们的价值判断有一定的指导作用,这在体育教学的过程中都有所体现,尤其是在体育教学的内容和方法的科学选择方面。

2. 体育教学活动组织需要参考的依据

体育教学目标不仅能够对体育教学内容和教学方法的选择提供必要的参照依据,同时,也能为体育教学活动组织提供相应的依据。需要强调的是,其在体育教学内容的结构方式以及教与学的组织形式方面所起到的作用是非常重要的,是有着重要的决定性影响的,这也就在一定程度上为具体教学策略的实施提供了有效的指导。

3. 体育教学评价参照的依据

从实质上来说,体育教学评价的实施应该参照的依据主要为体育教学目标对体育教学的价值和效果,其是体育教学评价的基本标准。由此,便得出了体育教学目标为体育教学评价提供了基本的依据。

二、体育教学的结构

体育教学是一个具有严密结构的整体,对学校体育中体育教学的结构设置是否合理进行衡量需要借助一定的标准,即主要看其是否有利于体育教学的目标实现。

组成或影响教学活动的各种要素及其相互间的关系,就是所谓的体育教学结构,其组成的基本要素包括教师、学生、教材、教法等。静态地看,体育教学的构成因素主要有参与者、施加因素和媒介因素三个方面。

(一)参与者

体育教学的参与者有两个:一个是体育教师,一个是学生。两者在体育教学中所起到的作用是不同的。

教师在体育教学中的作用主要是主导作用,这在体育教学中是处于外部作用,其在体育教学中所发挥的职能有计划、组织、传授、管理、监督、调控等几个方面。体育教学的作用在体育教学的质量上也有所体现,尤其是教师的敬业精神、业务水平和组织能力等素质所起到的是重要的决定性作用。

学生在体育教学中是处于主体地位的,也是教师施教的对象。在之前传统的教学活动中,学生只是一味简单地、被动地接受教育;而在现在的体育教学中,学生必须充分调动其智力和非智力因素,积极主动地参与学习,这样才有可能取得理想的学习效果。所以,从广泛意义上讲,学生的状况会影响或者制约体育教学,也会对其产生一定的调控作用:学生在教学过程中既有作为一个群体的共同特性,同时也有作为个体的差异性。学生对教学的能动参与对教学质量好坏产生重要的决定性影响。对于体育教师来说,针对学生的特点,努力调动学生的积极性,以取得学生的信任和配合,是其重要职责之一。

(二)施加因素

社会对学生的要求能够在体育教学中得到体现,主要涉及体育教学的任务、内容、大纲、计划等要素,而且这些要素都属外部施加因素的范畴,也是连接教与学的纽带。

教学任务、教学内容和大纲计划等从不同方面对教学过程进行了各自的规定,可以说,这些因素都对体育教学的开展提供了重要的依据和支持。体育教学的任务和内容的价值是非常显著的,这在显性和隐性方面都有体现,教学过程中应认真处理好两类价值的关系,对学生身心同步、协调地发展起到积极的促进作用。

(三)媒介因素

关于体育教学,也可以从动态上将其理解为一种信息传递的过程,这一过程中,涉及时间和空间,同时,还有一定的有序性特点。信息的传递是需要借助媒介这一重要因素的,这里所说的媒介包含多个方面,比如,场地器材、组织教法、环境设备等。通常,高质量、现代化的媒介条件对于体育教学质量的提高会起到积极的作用,其中场地器材和环境设备是物质条件,组织教法是根据教学任务串联学生、教材和物质媒介的纽带,会对体育教学起到重要的调控作用。这就要求媒介因素应具备多方面的显著特征,比如,针对性、抗干扰性、安全性、实用性、可控性等。

需要强调的是,体育教学的上述三大要素在实际教学过程中是有着非常密切的联系的,主要表现为动态结合、变化多端,其中教师的主导作用是最为重要的。

第三节 体育教学的特点与功能

一、体育教学的特点

体育教学,对于学生来说,就是一种逐渐增强认识的活动,这就赋予了其学生认识活动的一般特征。同时,体育本身的技术性特点较强,因此,这使得体育教学具有自身特有的显著特点,增强在这方面的认识,对于严密组织教学、提高教学质量都是非常有益的。具体来说,体育教学所特有的特点主要有以下几个方面。

(一)理论与实践相结合

体育教学的主要内容是将体育技术、技能传授给学生,从而达到有效增强学生体质的目的。对于体育教学来说,知识的讲授是理论方面的,而技术技能的传授则属于实践方面。学生参与体育教学的一个重要目的就是使自身的体质有所增强,因此,学习并熟练掌握体育运动项目的技术和技能是必须要做到的,而这种实践活动的实施需要科学的指导,即体育的相关理论知识。在体育教学内容中,占较大比重的是体育技术,体育理论知识只占较小部分。相较于其他课程来说,体育课程的教学内容以技术教学为主,主要是用于身体实践。

(二)机体参与活动和教学组织的多样化

体育教学的机体参与活动和教学组织的多样化特征,并不是其内部具有的显著特征,而是相对于文化课教学而言的。尽管体育课教学与文化课一样,其过程中也会有一定的思维活动,但是,不同之处在于,学生在体育教学过程中,机体在进行相关活动时,可以借助肌肉感觉来将信息传递到中枢,同时对其进行分析、综合,从而达到理性认识体育技术、技能的目的。机体在参与活动的过程中,经过反复的条件刺激,将条件反射建立起来,对体育技术进行熟练掌握。从某种意义上来说,这个过程中同时包含了对体育技术的学习以及体质的增强和健康水平的提高这几个方面。

体育教学在进行过程中,受到很多因素的影响,比如学生,一个班级的学生有几十人,这些个体都处于一定的生长发育阶段,在生理和心理方面有一定的共同之处,但也存在着一定的差别之处,包括性别、性格、素质水平、活动能力、学习能力等方面。除此之外,环境的干扰和场地、设施等制约也会对体育教学的进行产生影响。这些因素就在很大程度上决定了体育教学组织的复杂性和组织形式的多样性特点。因此,在体育教学过程中,一定要充分运用相关的其他学科知识,比如,教育学、社会学、生理学、心理学、伦理学等,去精心组织一节体育课教学,使体育教学过程与教学规律的要求相符。

(三)鲜明的教育性特点

体育教学的教育性特点主要体现在学生品德、心理品质培养方面。在体育教学过程中,不仅能培养学生的竞技意识和精神,还能培养学生诚实、守纪律的品质以及刻苦耐劳、勇于拼搏的意志。另外,体育活动是需要学生积极参与的,这就赋予了其群体特征,这对于学生之间的人际交往、友谊和团结都是有帮助的,还能培养他们的集体主义、爱国主义精神。在跨世纪的人才培养中,体育教学就将其鲜明的教育性特点充分地体现了出来。

体育教师在从事体育教学的时候,一定要保证其教学方向的正确性,鉴于此,就必须要做到将体育教学与整个国家的政治、经济改革有机结合起来,这是最基本的。一般而言,体育教师对体育教学的特点认识越深刻,体育在人才培养中的特殊功效的发挥程度就越高,体育教学质量就会得到更加有效地提高,从而为提高中华民族的素质,在社会主义现代化人才培养的光荣使命中,做出更多、更大的贡献。

二、体育教学的功能

体育教学功能,就是学校体育对学生和社会产生相应的影响和作用,并最终得到良好效益。体育教学功能的产生与实现是基于其显著特点的。体育教学的功能是多元化的,可大致归纳为下列几个方面。

(一)改造经验

人类在日常的生活中,是需要一定的经验的,这对于人类生活能力的提升是有帮助的。但人的经验是涉及很多方面的,具体如下。

(1)品格经验方面。不懂得公平竞争、不服从法规制度、不信守诺言、不具备合作习惯等社会品质的人,无疑将被社会群体所排斥。

(2)情绪经验方面。个人不良情绪在发泄时,如果选择传统的、野蛮的原始方式,则对于社会的秩序与安宁是不利的,因此,这在文明社会中是不被允许的。

(3)动作经验方面。简单的如坐立行走、举手投足;复杂的如对距离、速度、时间的判断等,不管是什么样的动作经验,要想得到有效培养,就必须在实践中才能实现。

上述几个方面的品性和经验是一个合格公民所应必备的素质,而体育则是作为人类进行综合性生活教育的一种有效途径而存在的,其主要作用在于能够使个人在心智、情绪、动作经验、行为品性等多方面,在以身体活动为中介的体育实践活动中得到发展。

(二)发展适应能力

在当今这个竞争日趋激烈的社会中,社会环境变化迅速,在这样的背景下,所遵循的规则就是"适者生存"。而学校体育教学正是帮助个体适应其生活环境的一种影响或训练。

不同的人由于自身条件的不同,导致其对适应能力的要求也有所差别,但是在现代社会中,要求个人的适应能力应该是全面的,其不仅包含身体方面的,还包括心理方面和社会方面的,任何一个方面都不能缺少。由此可以推断,作为"以人为本,充分尊重学生兴趣、爱好"的体育教育活动,就是对学生的适应能力的培养与提高。

(三)改变行为

体育活动所引起的经验改造和适应能力发展,能够对学生行为产生一定的影响,并使其发生相应的变化。在体育活动中,只要是那些与社会要求相符的行为,在被社会认可和接受之后,就一定会随着社会发展得到进一步的加强,反之,就会受到阻止。由此,每个人的行为都会更趋于符合社会道德准则和行为规范的要求。个体在体育活动过程中,能够在机智、勇敢的行为方面得到有效培养。

(四)健身娱乐

教会人们去合理、有效地利用、保护和促进身体发展,是学校体育教学的目标之一,具体来说,这实际上是一种利用身体而又去完善身体的过程。

人体的发展所遵循的是"用进废退"的生物学规律,人体极限效能的发挥主要是通过合理而科学的身体锻炼这一途径来实现的。身体锻炼之后,神经肌肉就会产生一定的活动,而这些活动中的有效活动会对人体产生非常重要的影响,一方面,能使包括运动系统在内的各个身体生理系统的功能得到有效强化和提升;另一方面,会造成多重益性反应的产生。对于人的一生来说,身体锻炼并不是全部,还包括发自内心的热衷于身体娱乐活动的兴趣和情绪。

对于现代社会的人类来说,其不仅需要基本的物质保证,还要有必要的运动和娱乐,这都是非常重要且不可或缺的重要因素。而现代社会在时间、财力和营养方面,正在为人类的身体娱乐活动提供越来越优裕的条件。这就要求以身体活动为主要媒介的身体娱乐要将其独特的"多重功效"充分发挥出来,具体来说,适度的身体娱乐活动,既健身,又悦心,是真正意义上的发展身心健康。

(五)培养竞争意识

现代社会中,不管是生活还是工作、学习,都存在着竞争性,这与竞技场上的比赛是非常相似的。参与竞争的人,为了使自身得到更好的、更充实的发展,就必须主动创造有利条件,而这种有利条件,实际上就是由竞争意识所支配的合理行为。

以迁移为原则,运动场上,人们所表现出的那些优良的品格和行为,也会在很大程度上迁移到提倡生活中,并且这些行为往往是能够被社会所认可和接纳的。运动场上有比赛,就会有胜负,社会生活中也是如此,而有比较,就会有得意和失意。从公平竞争的角度而言,人们的竞争意识往往就是在运动场上被激发出来并加以培养和强化的。体育教学通过竞技运动中的某些内容和因素的运用,借助于夺取桂冠这一重要手段,最终达到教育人类不断地完善和超越自我的目的,它的实际意义是非常重大的,甚至比夺取金牌的意义都要大得多。

需要注意的是,除了上述这几个方面的功能外,体育教学还有其他一些功能,比如,传递人类文化等,这里不再赘述。

第四节 体育教学的原理与原则

一、体育教学的原理

体育教学内容以运动项目为主体,体育教学内容的涉及必须遵循运动项目教学原理,教学原理所起到的作用和意义重大,比如,其能够科学且合理地解释体育学习活动中学习者的不懈追求,同时,运动技能学习中个体本能生物价值观与社会文化价值观的相互融合也是其能够解释的内容之一。图1-1为体育教学原理示意图。

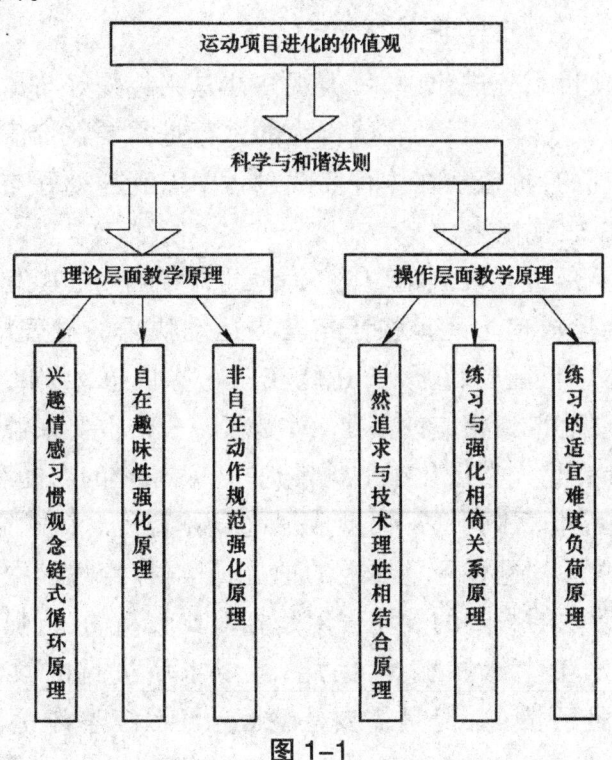

图1-1

（一）兴趣爱好—情感体验—习惯形成—终身体育观念链式循环原理

1. 原理特点

对于当前体育教学来说，其所致力的目标是形成体育习惯与终身体育观念。而习惯与观念的形成是以兴趣爱好与情感体验为前提实现的。从原理的作用来看，兴趣爱好—情感体验—习惯形成—终身体育观念链式循环原理是一个宏观的体育教学理念，与其他教学原理是不同的。某种意义上，其可以被归纳到软结构自我表述的范畴，其作用主要体现在体育教学过程具有目标定向和理念化指导方面。

2. 该原理对体育教学的影响

运动项目系统进化中，价值观往往是兴趣爱好与情感体验的主要方面，人类体育运动实践行为的进行是需要在价值观的指导下才能实现的，价值观在体育实践过程中以兴趣爱好与情感体验的形式得以表现出来。

人是不断进化发展的，体育运动也是如此，在其发展的过程中，尤其会形成追求运动快乐与获得运动快乐的显著特性，通过运动，机体不仅能变得强壮，还能获取一些快感，比如，运动成就能够使心理上得到相应的满足，幸福感的一个重要来源就是体育运动。幸福感是人类进化中的恒常追求。从原理的内涵意义来看，兴趣爱好—情感体验—习惯形成—终身体育观念链式循环原理，对体育教学过程进行了整体上的把握，其对体育教学中非智力因素对学习活动的影响的关注程度是相对比较高的，所强调的是体育教学中学生主体的感受，因此，就要求所进行的教学活动应该是生动且活泼的，但是需要注意，这与系统整体论科学观是相符的。

（二）运动项目"自在的趣味性强化"原理

项目进化所形成的"自在的趣味性强化"本身也具有显著的作用，专门运动技能的形成是必须在科学且和谐的运动项目的基础上才能实现的。运动项目对运动者的多种功能的实现途径通常为强化"自在的趣味性"的作用。不管是什么样的运动项目，都能从中表现出"自在的趣味性"强化作用。这里所说的"自在"，是指以运动项目为内容的身体练习中，存在着由项目进化形成和完善的、能够使练习者产生兴奋和快感的事件。需要强调的是，这些事件在运动项目中是客观存在的事物，不会以任何人的主观意志而发生改变，这也在一定程度上反映出了其竞技方式、竞技结果的必然性。

一般来说，从初学者普遍追求操作目标的实现上可以得知，所谓自在的趣味性强化作用事件就是那些与操作目的、操作结果相关联的由项目本身作用于练习者，并且同时能使练习者产生兴奋作用的事件。假设这些强化作用事件并不存在，那么，就谈不上运动技能和练习本身的魅力了，那么运动技能的主动形成外调积极性就更无从谈起了。

学生之所以能够参与到体育教学活动中，必须有其足够的参与动机，表现出来，就是学生对体育教学内容及形式的兴趣，只有在这方面有动机，才能产生参与的积极性与主动性，这样才能使其在体育教学中学习的持久性得到保证。在体育运动项目教学中强调自主积极性的建立，是贯彻以人为本、尊重学生个性发展教学观念的必然产物。在以人为本教学观的主导下，体育教学将面向未来生活作为其主要目标，鉴于此，一定要将对学生体育兴趣的培养作为关注的重点，并且放在首要位置上。另外，在设计体育教学过程时，也要注意在其中增加一些提升学生练习兴趣和积极的情感体验的因素，使学生练习的主观能动作用得到强化，保证教学效益的提升。

总的来说,要对作业练习中的自在趣味性强化点进行有效且准确的把握,对其整个的发生过程也要能有效控制,通过对自在趣味性强化作用的控制和调整,来使不同阶段的教学任务都能得以完成。

(三)运动项目教学的"非自在动作规范强化"原理

运动技能教学中,只有自在趣味性强化作用是不够的,还必须有与之相对应的"非自在动作规范强化"作用事件,这一原理的设置主要是由教师或教练员按照运动技术文化规范人为操作的。非自在动作规范强化作用的存在与体育运动教学的社会文化价值观之间有着非常密切的联系,究其原因,主要是由于运动技能教学中教师要求的东西往往是人们在大量体育实践中逐渐认识到的正确方法和要领,属于人类体育实践中总结出来的经验知识的范畴。

通常,如果练习者能够在遵循社会文化价值观的基础上参与练习取得一定的成效,那么,其在这方面所获得的成效就会非常丰富,且持久性更强。体育教学中的这种现象,就从某种程度上对运动的生物本能与文化规范两种价值观的近期矛盾和长期统一进行了有效的印证。

由此可以看出,在体育教学中学习那些与社会文化价值要求相符的运动技术方法是非常重要且必要的,只有经过这一个艰苦的过程,才能取得理想的成效。为此,学生必须首先将自身正确的学习动机树立起来,对于体育教师来说,也需要在这方面提供一定的支持与帮助,比如在技术规范化要求的同时,也必须对学生的运动愉悦体验进行充分考虑,使教学在师生合作的基础上真正互动起来,如此一来,教学效益的最大化才有可能实现。

(四)自然追求与技术理性相结合原理

在体育教学中,所用到的相关原理的效果是不同的,单独运用原理所取得的成效远不如两种或者几种原理的综合运用效果，因此，就需要将"自在的趣味性"强化与"非自在动作规范"强化原理整合起来加以运用，才能将两者的作用最大程度地发挥出来，需要强调的是，这种整合就是自然追求与技术理性的有机结合。

人在运动中的恒常自然追求，寓于体育教学之中表现为技术理性。这里所说的技术理性，实际上就是人类通过多年运动实践总结出来的理性化技术方法，需要强调的是，这里所说的理性，就是表明其不是主观随意的，而是经过研究探索的。在体育教学中，通过技术理性的学习与提高使人的自然追求更好地得到满足。

将自然追求与技术理性结合起来的这一教学原理被提出来，主要是为了对"自在的趣味性"强化与"非自在的动作规范"强化在体育教学中有机结合的必要性进行分析和阐述，最终所得出的作用和意义主要表现为：科学、合理地解释体育教学中作业练习与教法设计的基本规律，从而促使体育教学原理更加趋于完善。"自在的趣味性"强化与"非自在的动作规范"强化在体育教学中有机结合，是体育教师和教练员，必须遵循的重要规律，通过这种方式，能够将自然追求与技术理性有机结合起来。

对运动技能学习过程来说，上述这两种强化作用都是不可或缺的重要方面，缺少其中一项，所产生的效果就会大打折扣。比如，"自在的趣味性"强化欠缺，学生的学习兴趣就会受到影响而大大降低，练习的激情也会减少；而如果"非自在的技术规范"强化欠缺，那么就可能会使练习具有一定的盲目性，形成的动作技能可能都是不正确的。因此，必须将这两种强化作用综合起来，以取得最佳效果。

（五）练习与强化的"相倚关系"原理

体育教学的原理有很多种，一些原理的提出是由其他原理的结合推导出来的。在运动技能教学中，只要练习者主观上进行了与规范动作要求相符的练习操作，那么就应该给予相应的强化；只要学生的主观操作是按照教师的要求进行的，那么其成功或最大的成功率就有可能会实现(图 1-2)。

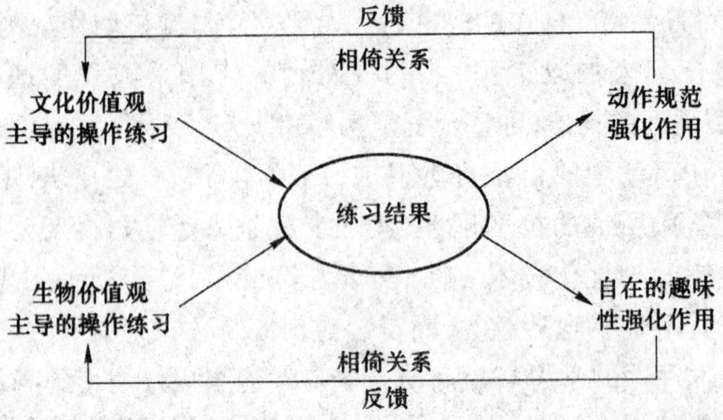

图 1-2

以这一原理为依据来设计练习,就能够在练习中合理地融入两种强化作用,这样,学生在根据教师的要求进行练习后,成功的体验和肯定性强化作用就会发生了,随后,失败的体验和否定性强化也会在这样的情景下发生,形成必须做出的正确技术动作,如此一来,能获得满意效果的"相倚关系"就会产生了。

(六)练习的"适宜难度负荷"原理

从理论的研究得知,控制"自在的趣味性"强化作用发生概率、建立操作与强化的"相倚关系"等,在某种程度上都是对作业练习难度的控制和调整,因此,要在体育教学中贯彻这些理论,如将入手点确定为对作业练习的难度的研究上。在体育教学中,要做好对作业练习的安排,应对多方面因素加以考虑,比如,练习组织形式、练习难度的合理简化,其中,后者的重要性更甚。

所谓"运动技能难度负荷"是针对练习者而提出的一个原理,主要从练习或竞赛表演形式和内容上得以体现。要想取得一定的锻炼效果,适宜的运动负荷是必要条件之一,对于练习者来说,为习得该技能而练习时必须克服的综合负荷。通常,运动技能难度负荷包括的内容有两个方面:一个是神经生理负荷,一个是认知心理负荷。

二、体育教学的原则

体育教学原则的提出是在必要依据下实现的,这里主要是指实践经验,当前,普遍存在着体育教学原则与体育教学规律脱节的现象,原则之间必然的逻辑联系较为欠缺。鉴于此,就需要克服种种困难和不足,对传统的体育教学原则进行改革和完善,从而将新的体育教学原则制定出来,具体如下。

(一)准备性原则

教学效果的好坏并不是固定的,是根据相关影响因素而发生相应变化的,教师和学生对教学的准备状态及客观提供的条件就是其中的影响因素之一。一般的,体育教学所进行的场所为体育场馆,因此,相较于其他教学来说,需要做的准备有着更高、更严密的要求。

对于体育教学来说,准备活动是非常重要且必要的,因为其能够为教学活动的进行创造良好的条件,同时也反映出了体育教学过程对教学准备和进行教学条件的依从性规律的要求。一般可以将体育教学的准备分为以下两个方面。

1. 课前的准备

教师的课前准备工作主要包括以下三方面内容。

(1)教师自身的准备

准备内容主要涉及教师的心理素质、生理素质、业务素质和着装几个方面。

(2)教案的准备

在准备体育教学所需要的教案时,需要以学生的情况、场地设备、器材等为依据来选择适宜的教材,并对选定的教材进行深入的研究,从而将最佳的教学方案设计并制定出来。

（3）教学条件的准备

主要是指对教学场地、器材、环境等教学条件的仔细检查,保证教学过程的安全性和顺利进行。

2.课时的准备

教师的课时准备主要包括生理准备和心理准备。

（1）生理准备

教师在生理方面的准备,主要是指做好课时所学内容和身体练习前的各种的必要身体机能活动性准备。

（2）心理准备

教师在心理方面的准备,主要是指教师通过一系列的操作,保证教学活动的顺利进行,比如,对课时任务和内容教材的宣布,动员完成任务的要求,调节适度的兴趣性,提醒学生做好学习的心理准备。

（二）教养、发展、教育的目的性原则

这一原则在体育教学中所起到的作用非常显著,主要表现为对教师全面、正确地规划体育教学发展和教育的任务的积极指导,同时,对于其具体化操作也有一定影响,这对于确定体育教学的目的任务、内容等是有帮助的。

我国体育教学活动的进行,并不是绝对独立的,而是需要与其他学科配合起来进行的,相关的学科知识主要包括自然科学和社会科学,从而保证教学过程的目的性和计划性。在体育教学的过程中,要将社会主义建设人才的培养放在重要位置上,具体要按照党的教育方针进行,所要培养的人才必须具有共产主义思想品德,掌握科学知识,体魄健壮,全面型人才是培养的重要目标。因此,这就要求从客观上对体育教学必须贯彻执行发展身体、增强体质、掌握与提高体育的基本知识、技术、技能,以及培养学生科学锻炼身体的能力和养成自觉锻炼的习惯进行相关的规定,同时,还以体育教学的目的、任务为依据,与各校的特点及差异相结

合,来对教学大纲进行适当的调整与修改,编写与教学实际和需要相符的教学计划,选择与本校学生实际情况相符的教材内容,设计教学方案,并在实施教学方案过程中不断加以检正、修改、补充、完善。

这一原则不仅能对教学方案的设计、教学方案的实施与教学效果的预测起到积极的指导作用,同时,还能作为主要标准来对教学效果进行检查和评价。可以说,这一原则在教学过程中起到的主要是调节作用,并且概括性和科学性的特点也尤为显著。

(三)适量和循序渐进性原则

这一原则在体育教学中的作用主要是从科学的角度来指导其内容、方法、所用的教材,以及教学实践活动所采用的运动负荷大小等,使这些因素能综合起来促进体育教学活动的顺利开展与理想教学效果的取得。

一般在特定的社会环境中,体育教学内容和教材的选用,都能够将特定时期的体育科学技术和与之相关的科学发展水平体现出来,并且以体育教学内容和教材为载体,来不断与时俱进,加以发展、更新,增强其科学性。在选择教材时,一定要保证其内容的全面性与多样性,同时,还要经过多方的科学研究与验证,才最终选定教材,使选用的教材尽可能得到普遍认可。另外,在运用组织教法时一定要保证其适量性,同时还必须与学生的年龄特征和实际发展水平及接受能力相适应,这一点主要包含心理负荷和生理负荷。

在选编体育教材和设计教学方案时,还要遵循循序渐进原则,究其原因,是因为学生在年龄、年级、生理、心理特点方面都有显著差异性,循序渐进地对体育教材进行科学合理的安排,使其深度和广度都能与学生的实际情况和需要相符,就显得尤为重要,这关系到体育教学效果的好坏。

从本质上来说,教材的系统和教材之间的联系属于横向关系,两者在逻辑上有一定的相关性,使学生以科学的逻辑关系为依据,来由浅入深逐渐递增地去学习并掌握有关的知识、技能,并保证其适度性,根据自身的情况,有针对性地锻炼身体、锻炼意志,由此,不仅使自身的能力得到提升,对学生的身心健康也有着积极的促进作用。

(四)直观性、启发性和活动性原则

这一原则所体现的主要是对教学方法的基本要求。在选择和运用教学方法时,要考虑多方面的因素,比如学校方面,不同学校在性质、特点和具体的教学方面都是有所差别的,而从学生方面来说,不同学生个体的客观和主观条件也有所不同。与此同时,还要注意应用时要把实践证明行之有效的各种教学方法和手段配合起来。

1. 直观性原则

在体育教学中,直观的方法和手段所具有的作用和意义是非常重要的,主要表现在能够使学生在掌握体育知识、技术和技能时,能够从感性认识上开始。通过对学生的思维发展的研究发现,其是遵循从具体到抽象的发展规律的。教师在体育教学中,要充分发挥其指导作用,以此来为学生积极、自觉地从事各种身体练习以完成一定的教学任务提供一定的帮助。一般来说,在体育教学活动中,学生通常是将各种有关的感觉器官综合起来加以运用,来对动作的外部形象以及时空的关系进行感知的。针对这种情况,体育教师要借助各种各样的教学方法和手段,来使学生能够更加容易和直观形象地理解技术动作,同时,也能建立起对动作技术的概念与模型,之后,还要与教师对所学知识要领的讲解以及完成课时任务的提示、要求有机结合,从生理学的角度上,来不断通过经常性的练习,建立完整和正确的动作体系,为今后其他方面的体育教学内容的学习创造良好条件。

需要强调的是,在运用教学方法时,建议将直观法与语言法、兴趣启发教学法结合起来加以运用,这样所取得的效果会更加理想。

2. 启发性原则

教学启发性原则对于教学方法具有重要的指导作用。对于不同的教学方法来说，其指导思想的不同，就决定了可以采用的手段也是各有不同的。在体育教学实践中，教师要通过精练、准确、生动的讲解与正确优美的示范，来对学生的学习与思考进行积极有效的启发，使他们的思维得到开发与拓展，模仿练习是非常重要的手段之一，完全采用注入式的教法相较于机械模仿练习所获得的教学效果要好很多。

3. 活动性原则

在体育教学过程中，教学的活动性也是非常重要的，不能忽视。所谓教学的活动性，就是指教和学都处于积极的活动状态。从现代教学论的角度上来说，学生身心健康的发展都是从体育教学的实践活动中获取的。"学生个性的发展与他们本身运用这一切活动有关"，这对体育教学来说是非常重要的。

（五）合理组织和因材施教的原则

这一原则所针对的主要是体育教学组织形式。体育教学组织形式的影响因素有很多，其中，能起到重要决定性影响的因素主要有教学任务、教学内容、教学手段和设备条件、时间，以及教学对象的年龄特征、性别特点、原有基础和身体差异等。在现代的体育教学中，不管采用什么样的组织形式，都要对相关的主观与客观条件进行充分考虑，比如，场地、器材，在练习中有的项目需要保护帮助及性别差异、体质差异等，针对这种情况，就需要在教学班级中把全班的教学分组练习和个别指导的教学形式合理地结合起来运用。

在合理组织体育教学时，一定要保证学生是受益的主体。换言之，只有那些能使学生受益的才是合理的，否则，就需要对其合理性进行进一步的推敲。这要通过教学效果的反馈信息获悉。所以，在选择和运用教学组织形式时，首先要做的就是全面了解并掌握学生的实际条件,从而更好地做到因地因时、因人因材施教,进而使所得到的教学效果与预期是相适应的,体育教学任务的顺利完成也在一定程度上得到保证。

(六)教师主导下的学生自觉积极性原则

体育教学,实际上是一种教与学同时进行的典型双边活动。教师在体育教学中起到重要的主导作用,在此背景下,便提出了学生自觉积极性原则。具体来说,这一原则即为在体育教学过程中,在教师的主导下,学生形成正确的学习动机,把认真完成学习任务变成自觉的行动。这一原则强调的是,将体育教学中教与学两个方面的作用都充分发挥出来,教师的主导作用在对教学方案的执行以及教学过程的调节和控制上都有所体现;而学生的学习自觉性不是自发的,其是受制于教师的指导、传授、调节和控制的。相反,如果学生在学习和练习的自觉积极性主动地自我调节和控制方面兼备,还能与教师的调节和控制协调一致,那么,预定的教学方案的顺利实施就会得到保证。

体育教学与一般意义上的身体锻炼之间并不是等同的关系,其主要区别在于体育教学是有目的、有计划的教育过程。在这一过程中,教师始终要按照社会和集体的意愿来对学生提出明确的要求,比如,学生应该学习的内容、科学锻炼身体的正确方法和手段、指导学生建立良好的学习动机,启发学生进行积极的思考,同时还要将社会的需要和个体的需要结合起来,把教师的要求变成自己学习的自觉积极性,从而认真地学习和自觉锻炼,主动地去完成教学任务。

(七)教学的巩固性和实效性原则

体育教学的主要目的是使学生学习并掌握体育的相关知识、技术与技能,保证其身心的健康发展,并督促其养成终身锻炼的良好习惯。但是,由于学生在接受体育知识、技术时,不管是生理上还是心理上,都存在着冷化、分化和动力定型的阶段,因此,要想达到熟练掌握和灵活运用的程度,就要求学生必须进行长期多次的反复练习来加以巩固。这里所说的实效性原则,则主要是指体育教学必须与学生的实际相符,使学生所学知识得到应用,收到实际效果。这一原则对教师提出了较高的要求,具体表现为:教师在体育教学的整个过程中,都要时刻检查教学的各个环节和各种成分,并对其进行客观且合理的评价,利用教学的反馈信息和不断地与预先的教学目标、任务对照,并且分析时间、精力和各种因素使用的合理性,使教学过程的各个环节与各个成分之间的联系有机结合,对整个体育教学能够保持最佳的状态起到积极的促进作用,学生在这样的氛围中,能够同时达到掌握体育知识和灵活应用的效果。

第二章 现代体育教学健身功能实现与实践应用

体育教学本身所具有的特点,首先体现的是体育方面的基础特点,因此,这就赋予了体育教学众多功能中的一个重要功能——健身功能,这也是体育教学的基本功能之一。体育教学的健身功能所涉及的方面很多,比如,要对生理健康、体质健康有所了解,还要深入了解体育教学在身体健康方面起到的积极促进作用。除此之外,要从社会需求的角度,来将体育教学与全民健身结合起来,从而更好地发挥体育教学的健身功能,同时也对全民健身的开展起到促进作用。

第一节 生理健康的基本理论

一、生理健康概述

通常情况下,人体生理性疾病的产生原因有很多,从自然因素角度上来说,所涉及的主要有阳光、空气、水、气候与季节、病菌及自然生态平衡等几个方面,并且这些因素是永久存在的。

这些自然因素起到重要的作用,具体可以归纳为两个方面:能够为人体健康与生存提供必要的物质基础及生存环境;有可能起危害作用。由此可以看出,自然因素所起到的作用有正面的,也有负面的。就目前自然环境的恶化状况看,不利于人类生存的发展方向是处于主要位置的。

关于自然因素的影响,许多科学家已达成共识:地球正逐渐失去保证人类生活质量的能力,环境恶化趋势令人担忧。这些迹象表明,目前由自然因素引起的人体受细菌或病毒感染,仍是对人类生理健康产生重要影响的主要因素,一定要提高重视程度。

二、生理健康的标准

这里所说的生理健康,所指的主要是身体健康。对生理健康的衡量标准为食得快、便得快、睡得快、说得快以及走得快,即为我们平时所说的"五快"。

(一)食得快

这里所说的食得快,并不是指狼吞虎咽、不辨滋味,而是吃饭时不挑食、不偏食,没有难以下咽的感觉。顺利吃完之后,会产生饱足的感觉,没有过饱或不饱的感觉。

(二)便得快

有便意时,在排泄大小便的时间上比较快,且有轻松自如的感觉,精神上的感觉也较为良好,由此可以反映出其胃肠功能是比较好的。

(三)睡得快

睡得快,所指的主要为睡眠质量比较好,睡眠时间上较为适宜,不能睡得太多,或者太少。如果睡的时间过多,且睡后仍感乏力不爽,则表明心理或生理是呈现病态的,这样往往就会出现各种心理或生理障碍、神经症。睡得快这一标准所反映出来的事实是,中枢神经系统兴奋、抑制功能协调,且内脏无病理信息干扰。

(四)说得快

说话时能保证较为顺畅,有话想说就说,也没有疲惫之意存在,头脑清晰,词意畅通,能够充分表达出要表达的意思。说得快的判断标准主要为:头脑清楚,思维敏捷,中气充足,心肺功能正常。

（五）走得快

在行动上,能做到自如、协调,迈步轻松、有力,转体敏捷,反应迅速,动作流畅。不会存在稍微一动就有疲惫之意。走得快这一标准所反映的就是躯体和四肢状况良好,精力充沛旺盛。

第二节 体质健康的影响因素

对体质健康产生影响的因素有很多,下面就对其中影响较大的几种因素进行详细阐述。

一、遗传因素

与体质健康相关的因素是多方面的,其中,联系紧密的有生理功能、形态结构、身体素质、运动能力、心理发展以及对环境的适应能力等,这些要素之间是有着密切联系的,具体表现为相互依存、影响、制约的关系。其中,体质健康是在身体素质、生理功能、运动能力这几个方面的物质基础上实现的,并且通过体质结构表现出来。人们对内外环境的适应能力水平能够从不同的侧面来反映出其他五个方面的要素。

学生体质条件如何,首先,在很大程度上是由其先天的遗传因素决定的,在此基础上,才是后天的努力改变。因此,遗传因素会对学生的体质水平产生最为直接,也最为基本的影响。然而,遗传因素对体质健康状况的影响只是一个方面,后天的努力改变也是一个重要方面。关于遗传,很多专家学者都提出了不同的观点,比如,有的认为先天遗传因素与后天环境因素对人体的一切外在表现产生影响,并且这种影响是决定性的。显然,这种观点是过于绝对的,在准确性上是欠缺的。

遗传度能够对先天遗传因素的影响作用进行衡量。一般来说,如果人体的某一性状是以遗传因素为主,那么这一性状的遗传度就相对比较高;如果某一性状以环境因素为主,那么这一性状的遗传度就相对较低一些。

二、环境因素

我国在地域和人口上都具有非常显著的优势,对于不同的地域来说,它们在环境上也是有所差别的。这里的环境是广义上的大环境,不仅包括自然环境,还包括社会环境。

人口学和医学对此做过一些相关的研究,并且得知,人的生存质量的高低、健康状况的好坏受到很多因素的影响,其中,起到直接影响作用的是其所处地域的自然与经济等因素。人类生存和生活与环境这一基本条件之间是有着非常密切的联系的,经济制度、卫生保健制度、社会制度与地理环境等自然环境和社会环境都会直接影响到人体的生长发育程度及健康状况。

(一)自然环境对体质健康的影响

自然环境是处于不断的发展变化之中的,在这样的环境中,人体的生存和发展也会受此影响,为了与自然环境相适应,就要求不断改善其自身的各种生理机能与形态结构。对于学生来说,由于他们所处的地理环境、生活环境都不同,这就导致他们各自的体质健康状况也各不相同。

通过对我国国民体质的分析和研究发现,自然环境中的很多因素都会对人们的体质产生直接影响,当然,这些人中就有学生这一群体。研究结果表明,很多自然因素都会对人的体质水平造成影响,比如,经纬度、光照时间、气温(1月与7月气温)、海拔以及降水量等,但是由于这些因素不能以直观的形式出现在人们的视野中,就导致人们通常会将这些因素的影响忽视掉。实际上,这些自然因素的影响还是较为显著的。一般来说,经度的不断增高会使国民体质水平也有所提升,但是,我国国民体质却是随着海拔的升高而逐渐降低的。我国国民体质的健康水平与年最高温度之间的关系是正相关的,平均气温与最高气温的增高也会导致国民健康水平增高。

(二)社会环境对体质健康的影响

能够对人的体质健康产生影响的社会环境,其包含的因素非常多,比如,社会制度、经济发展水平、物质文明等都属于这一范畴,人体的生长发育水平与体质健康的强弱程度不仅受到自然环境的影响,还受到与之相关的社会环境因素的影响,比如,相关的社会制度,所处地域的经济发展水平等。除此之外,包含营养状况、物质发展水平、医疗卫生环境、文化教育条件等在内的社会因素也是社会环境的重要组成部分。营养状况的好坏,在很大程度上影响着学生的体质水平与免疫功能,因此,在很多时候,为了增强学生的体质,最直观的办法就是做好营养的补充工作,由此可以看得出营养状况对学生体质健康的影响是非常大的。

人口体质水平受社会环境因素的影响,尤其是受社会经济环境的影响较大。社会经济发展水平不同,对人体的体质水平所产生的影响就会有所差别,对于经济发展水平较低的地区来说,大力发展经济、提高经济发展水平对于改善这一地区人口的体质水平是非常有帮助的。但是实际情况却并不理想,对于经济发展水平较高的地区来说,经济收入的增加通常只能在较大程度上影响一小部分人,对于大部分人来说,其受到的影响是非常小的。

三、运动因素

这里所说的运动,就是指所有以运动形式存在的锻炼,不管是身体运动还是体育运动,都属于运动的范畴。其中,身体运动,就是指通过各种形式的身体练习,与周围环境及卫生因素相结合,进行相应的身体活动,从而达到健身、娱乐与防治疾病的目的。

身体运动锻炼对于人体本身所产生的影响与意义是非常显著的,比如,通过身体运动锻炼,能够使人体基本的生长发育得到保障,身体机能会有所增强,这就会使疾病的防治效果有所保障;人体机能在得到提升之后,其基本运动能力也会因此而有所提升,这两者之间有一定的关联性;能够在身体整体的综合素质上产生积极影响,对于年轻人来说能继续保持年轻,对于中老年人来说,能老当益壮、达到延年益寿的效果;不良情绪与心理也会因为在身体运动锻炼中的释放而得到改善,从而使自己保持良好的精神状态;自身在自然与社会环境中的适应能力,也会因为身体运动锻炼的进行而得到有效提升。身体运动锻炼所采用的方法与手段是非常丰富多样的,对于不同的个体,可以根据实际情况,作出与自身需求相适应的选择,通过科学合理的运用,取得最佳的锻炼效果。

身体运动锻炼的健身功能在人体发挥过程中有着非常明显的体现。学生可以在体育教学过程中,借助于体育运动锻炼这一形式,来使自身的体质不断增强,促进自身健康水平的不断提高。

第三节 体育教学对身体健康的促进

提起体育运动,人们的第一反应就是对身体产生的积极影响,这就反映出了体育运动在身体健康方面的重要意义,它对身体健康水平的提升非常有帮助。具体来说,体育教学对学生身体健康的促进可以从以下几个方面得到体现。

一、促进学生的全面生长发育

体育教学中的实践活动部分,通常都是在户外进行的,这就将户外运动的优势充分利用了起来,比如,户外的日光中的紫外线能够促进人体钙磷的吸收。另外,体育教学活动中包含的跑、跳等动作则能在一定程度上刺激骨骼的骨化中心,达到有效血液循环、促进骨骼生长的目的。

这里所说的生长发育,指的是机体生长,具体来说,就是细胞的繁殖和细胞间质增加所造成的形体上的变化、人体骨骼和肌肉的生长。通过体育运动锻炼,人体的肌肉的结缔组织就会逐渐增厚,肌肉的抗断能力也会进一步增强,肌纤维增粗,肌肉的体积明显增大,使肌肉变得结实而有力,还可改善骨骼肌的血液供给。通过研究发现,对于参与体育运动锻炼较为积极的人来说,其在生长发育水平上是比不经常参与体育运动锻炼的那部分人有着明显优势的。

二、改善学生身体机能

体育运动所产生的影响并不是单一的,而是具有综合性特点的。体育运动锻炼对学生身体技能产生的影响主要是指快速发展学生的身体机能,促进血液循环,提高心脏功能,改善呼吸系统机能,提高神经系统的灵敏性。

对于学生来说,体育课就是一种能够动起来的课程,这也是该课程与其他课程的不同之处。学生在体育课中运动起来,与此同时,教师要将其自身的指导作用充分发挥出来,在学生的运动过程中,给予必要的指导和示范,从而对学生的耐力、灵敏性等素质进行全方位的锻炼和发展。对于学生而言,其身体正处于生长发育阶段,身体机能在未来的发展空间还是非常大的,因此,这就要求针对学生所选择的教学内容、运动负荷和运动量等都要适宜,不能有拔苗助长的想法,否则不仅不会对学生的生长发育产生积极影响,还可能导致身体伤病的发生,不利于身体健康。下面就进一步对体育教学在学生身体技能的改善方面的影响和作用进行分析和阐述。

（一）对中枢神经系统功能的改善

体育教学中的实践活动对学生的中枢神经系统功能有着显著的改善与提高作用。

1. 使人头脑清醒、思维敏捷

大脑之于人体，就相当于指挥部与部队，起到重要的指挥作用，人体的一切活动的指令都是由大脑发出的。尽管大脑在体重上的占比是非常低的，但是，其对氧气的需求量却是比较高的，达到了由心脏总流血量的20%。在体育教学过程中参与体育运动锻炼，特别是到大自然中去活动，能够使大脑供血、供氧的情况得到有效改善，大脑皮层兴奋性也会因此而有所增加。

此外，体育教学中的运动锻炼项目，通常是以肌肉活动为核心的，不管要完成什么种类的锻炼活动，都需要与之相对应的肌肉来参与活动，具体来说，就是有规律而协调地收缩，因此，为了保证运动效果，就需要严格要求肌肉的力度和动作的幅度、动作的速度以及动作的节奏，实际上，这些行为的产生与进行都受制于神经系统。人的神经系统会在这些运动锻炼的过程中也逐渐得到锻炼，使兴奋和抑制、传导和反应等得到有效改善，经常使体育教学中参与运动锻炼的学生能够达到精力充沛、动作敏捷、思维灵活的目的。

2. 解除疲劳和精神紧张，改善睡眠

如果学生在体育教学过程中积极参与到体育运动锻炼中，那么他们的脑垂体就会产生一种称为乙种内啡呔的物质，这种物质能够使人体对疼痛的耐受性有所提升，与此同时，其在降低血压、抑制食欲，以及给运动者以愉快和健康的感觉方面也有显著作用。

3. 防止脑动脉硬化，维持大脑良好的血液供应

血液内胆固醇含量过高往往会导致脑动脉的硬化发生。科学研究证明，运动锻炼可以使血液总胆固醇含量降低，尤其是低

密度脂蛋白胆固醇降低,提高高密度脂蛋白胆固醇含量,对动脉硬化的产生有非常好的预防作用。

4. 提高体温调节中枢的机能,增强人体耐寒耐热的能力

如果一个人能够经常参与到运动锻炼中,那么其就会具有较好的运动中神经系统的调节能力,尤其是体温调节中枢的机能会比较强。参与运动锻炼的环境的不同,最终所产生的锻炼效果也是不同的,比如,在寒冷的环境中进行锻炼,由于下丘脑产热中枢的兴奋,那么机体的产热过程就会有所增加;而如果运动锻炼的环境是酷热的,那么就会加强下丘脑散热中枢的机能,使机体散发更多的热量,这对于维持正常体温是有帮助的。

(二)对心血管系统的改善

相关研究表明,经常参与到运动锻炼中的人,其心脏功能通常是会较强一些的,每搏输出量可增加到 80～100 毫升,是平时的 1 倍;而心脏的频率却减慢,如一般人心跳 70 次／分钟左右,参加体育运动的人心跳 50～60 次／分钟,这样就会使心脏的负担大大减轻,心脏的寿命也会有所延长。

(三)改善呼吸系统的功能

人在参与体育运动锻炼的过程中,为了保持身体对氧气的需求,呼吸的频率会大大增加,这样就会吸进更多的氧气,排出更多的二氧化碳,从而使肺活量增大,肺功能增强。

经常参与体育运动锻炼的人,身体适应能力强,其呼吸显得平稳、深沉、匀和,频率也较慢,安静时的呼吸频率为 7～11 次／分钟,这比那些不参与到体育运动锻炼的人的呼吸频率要低,在性别方面也有差别,通常女性比男性快 2～3 次／分钟。

(四)增强运动系统的功能

如果学生能够在体育教学过程中,经常进行不间断地徒手或

持器械的体育活动,那么他们的骨质中钙的积累就会增加,骨突会增大,骨外层密质会增厚,内层的骨松质在排列上则更能适应肌肉拉力和压力的作用,骨骼增粗,抗折断、弯曲、压缩、拉长和扭转的能力加大;另外,由于学生的骨骼生长正常,身高增长自然加快。

调查发现,经常参加体育锻炼的学生的身高相较于那些不经常参加的学生,是要高 4~8 厘米的,肌肉也更发达、结实、匀称且有力。同时,关节的稳固性、肌腱的伸展性都会有所提高,关节活动范围也会加大,活性增高。可以说,运动系统功能的增强,为人的健康活动提供了动力。

三、提升综合性的身体素质

运动能力是由很多方面构成的,主要涉及力量、速度、耐力、柔韧性、灵敏性、协调性等多个方面的素质。每一项身体素质都有其特定的发展敏感期,而在学生阶段,速度、灵敏性、力量、耐久力的发展速度都是最快的。由此可见,学生时期正是人的各种运动能力增长的最有效时期,体育将对学生运动能力的提高起到重要作用。

四、增强对环境的适应能力

适应能力,能够将个人机体的生理状况反映出来,体育运动对于学生身体的适应能力的提高是有益的。人体长期在一种环境和气候下锻炼,往往会使身体出现一定的发展疲劳期,为此需要不断变换锻炼的环境和条件,这样能够使有机体体温调节的机能得到更加有效的改善,进而达到有效提升有机体对自然环境的适应能力的目的。同时,由于体育运动能促进血液循环,加速新陈代谢,提高造血机能,因此,对病毒、病菌的抵抗力也会得到有效提高。学生在体育教学过程中得到了充分的身体锻炼,心肺功能、耐力、肌肉的发展得到促进,体质得到加强,机体的免疫功能和适应能力也将逐渐提高。

五、防治疾病，延缓衰老

研究表明，体育教学能够使学生对外界的适应能力得到有效提高，疾病能得到有效防治，延年益寿。研究发现，不愿意参与到运动锻炼中的人，从 30 岁开始，身体功能就开始下降，到 55 岁身体功能只相当于他最健康时的 2/3。而经常参与到运动锻炼中的人，到四五十岁时其身体功能还相当稳定；60 岁时，其心血管系统的功能还大约相当于二三十岁不锻炼的人。经常参加运动的人比不运动的人要年轻二三十岁。

第四节 全民健身与体育教学的契合

一、全民健身与体育教学的现状分析

（一）全民健身现状

全民健身运动与广大人民群众的身体健康息息相关，是社会主义精神文明建设的重要内容。2011 年，国务院出台《全面健身计划（2011—2015 年）》五年计划。由此可以看出，我国对全民健身运动是非常认可和重视的，同时，这也是推动我国从体育大国向体育强国前进的重要标志。下面就对全民健身的基本特征进行详细的分析和阐述。

1. 主体性

全民健身运动的具体锻炼方式是多种多样的，通过这些运动方式的运用，能够增加学生对健身运动的选择种类，进而有效提升学生对体育健身运动的兴趣和参与热情，使学生能够积极主动

地参与其中,在经过一段时间后,逐渐形成自主参与运动健身的习惯,必要时接受老师指导。[①] 因此,全民健身运动视域下的体育课程教学应以学生自主学习为核心,能够使学生自主参与运动的权利得到有效保证,这样,能够将学生体育运动的动力有效激发出来,同时,也能大大提高学生体育运动及健身的效果。

2. 广泛性

全民健身运动,所面向的对象是全国各类民族和阶层的个体。因此,在全民健身运动视域下,体育教学的广泛性主要从体育运动项目的教学内容和教学方式上得到体现,一般来说,传统的体育教学内容主要有足球、篮球、排球等各种球类运动,这种类型的运动对于大部分的学生来说都是较为适合的。除此之外,还有很多其他类型的健身运动项目可以选择,比如,田径类、户外类、休闲类、形体类等,这些都能从不同角度上来满足学生的不同需求,学生可以根据自身的实际情况和兴趣来加以选择。

3. 时代性

随着社会经济和传统文化的变迁,传统的体育运动的发展表现出了一定的局限性,因此,重视并加强传统运动项目的创新性,吸引学生参与到体育运动锻炼中去就显得尤为重要了。全民健身运动可以引入新型体育运动方式,增加传统体育运动的时代气息,充分提高学生对体育运动项目的兴趣,对于推动体育教学课程的顺利发展也是非常有利的。

(二)体育教学现状

当前,随着经济社会的不断发展,体育事业和教育事业都得到了有效的发展,并且取得了显著成效,体育教学的发展就是这两者相互促进、相互影响的一个重要结果。关于体育教学的现状,可以大致归纳为以下几个方面。

---

① 范云峰.全民健身背景下高校篮球教学中的影响因素与应对策略[J].贵阳学院学报(自然科学版),2019,14(03):45-47+51.

1. 体育教学目标严重缺失

在体育教学的过程中,教师往往需要为体育课的发展设置各种各样的目标,因为只有明确的目标,才能对体育教学的实施起到积极的导向作用。但是实际情况是,很多老师往往会将体育课看作是一种娱乐课和游戏课,这也就在一定程度上促进了其在实施过程中被过度娱乐化的情况发生。这些认知偏差会使得体育课的教学质量出现下降的情况。

2. 体育教育模式不断僵化

目前,体育教育模式僵化的情况在体育教育过程中是非常常见的,很多体育项目的选择和分班情况并没有在科学的指导下进行,所参照的依据都是老师的意愿这一主观因素。[1]甚至老师也在课堂上采用固定的教学方法,这不仅会导致学生产生厌学的心理,而且也会对学生未来的发展产生不良影响。

另外,很多老师在进行体育教学的过程中,所重视的因素只有一点,即升学率,学生的兴趣和个性往往被忽略,在这样的情况下所安排出来的体育项目,往往是不被学生所接受和喜爱的,由此,就会导致学生对体育教学的兴趣大大降低。

3. 学生锻炼的时间严重不足

学生的体育课本身所占据的课时就比其他课要少,再加上学校对文化课的极其重视,这就助长了其他课程的教师往往会占据体育课的课时来进行其他课程的教授,学生锻炼的时间被大量占用。

二、从全民健身的角度优化体育教学

(一)全面改革、更新学校内部体系

学校作为体育教学开展的重要场所,其自身体系的优化,是

---

[1] 李杰桃.科学健身视角下高校公共体育教学改革初探[J].体育科技文献通报,2019,27(08):18,28.

全民健身纳入体育教学的一个重要基础性条件。学校体育教学中所包含的体育运动项目,都要在科学健身视角理念的指引下开展,同时,还要遵循因地制宜的原则,这样,体育教学与全民健身的结合才会更加科学、紧密。

体育教学中包含的运动项目众多,在选择具体的教学内容时,就需要按照相关的依据来进行,健身需要就是要考虑的重要标准之一,同时,进一步丰富和充实体育教学中体育运动项目和形式也至关重要。

(二)将课内和课外一体化的体育锻炼机制建立起来

在体育锻炼的过程中,学校所做的所有工作中,必须将学生的主体性和实践性重点突出出来,同时,还要注意开设体育活动课程和课外锻炼。其中,体育活动性课程主要由课外锻炼、课余体育锻炼和各项体育竞赛活动组成。与此同时,在全面锻炼的过程中让广泛的知识更好地和体育能力相结合,也是需要注意的重要方面。

(三)学校要做好基础设施的保障工作

不管是什么样的健身方式,很多都对相关的基础设施有一定的要求。因此,学校要做好这方面的保障工作,不断地更新、丰富和充实体育锻炼的设备。而现实情况中,学校由于器材数量的不足而使得学生没有办法更好地进行游泳、网球、羽毛球和其他常见项目锻炼的情况经常出现。除此之外,还有一些学校,即便其在基础设施方面较为充足,但是,学生借助体育运动锻炼来提升自身素质和运动能力的想法并不是能顺利实现的,这会受到很多因素的影响和制约,比如,学生人数过多,运动锻炼的设施无法满足学生的需求,锻炼效果就会大打折扣;课外活动安排较少或者安排的合理性不佳,也会影响锻炼效果;运动场地如果不能对外开放或者开放的时间较短,也会对锻炼效果产生影响。因此,学校应该在建设的过程中不断地引入各种类型的体育健身设备器材,只有这样才能够真正适应现代学生体育健身和锻炼的需要。

三、通过体育教学促进全民健身的开展

(一)适时转变教学理念,迎合全民健身要求

随着体育教学的不断发展,传统的教学理念与体育教学改革之间已经不相适应了,这就需要适时优化和更新教学理念。作为教师,则应及时改变教学观念,具体可以从两个方面着手:一方面,对学生的主体地位持尊重的态度,为学生的全面发展提供助推力;另一方面,教师要促进"健美操教学"与"全民健身运动"的融合发展,将教学的"全民性"与"健身性"突出出来。除此之外,教师要使体育教学实践课的教学效率有所提升,并且在其中不断渗透全民健身因素。体育教学的价值主要在其健身性上,单纯依靠理论知识的学习根本难以实现这一价值目标,故教师要强化实践课教学,为学生提供体育教学实践练习的平台,充分发挥健身价值,与全民健身的号召相契合。

(二)不断优化教学内容,突出课程的"健身性"

通过一系列体育运动训练提升全民的运动能力和身体素质,推动全民身体健康,是全民健身的总的目标。由此可以看出,要想在体育教学中渗透全民健身理念,就要求教师在教学内容方面做到进一步的优化,将课堂教学的"健身性"特征突出体现出来。因此,教师要将一些具有显著健身功能,且新兴、时尚的项目纳入健身课程中,以使大众的健身需求得到更好的满足,同时,还要根据学生的实际运动水平,来将那些动作简单易学、节奏感强的课程作为主要内容。

(三)引进科学教学方法,全面提升教学质量

对于体育教学质量的提高来说,科学现代的教学方法是重要的基础与前提条件。由此可以看出,体育教学的"全民健身"价值的发挥,所需要借助的依托为高效的体育教学质量,而教学质量的提升必定需要教师不断创新,并引进现代化教学方法。具体分析,教师可采用的教学方法主要有很多,比如较为先进的有多媒体教学法、小组合作教学法、游戏教学法、竞赛教学法、情境教学法、交互式电子白板教学法等。[①] 如果教学方法具有多元化的特点,那么,这就赋予了体育教学一定的优势,这是传统教学方法所无法企及的,教师科学教学方法应该能够使用基于体育教学的内容和学生的学习状况,鼓励学生自学和探究学习,提升教学质量。另外,教师在实践教学方面也要引起高度重视。

(四)有效提升师资力量,将全民健身的优势充分发挥出来

体育教学要想与"全民健身"的理念相契合,提高教学质量,雄厚的师资力量是不可或缺的重要支撑。唯有如此,体育教学才能将其全民健身的优势充分发挥出来。

首先,不断将高素质、高能力的体育教师引进来。这里要强调的是,要根据体育教学中所涉及运动项目的特点来做好体育教师性别比例方面的分配。

其次,要强化对现有体育教师的系统培训。强化培训是提升体育教学质量的重要途径,培训的内容除了要有基本教学技能、教师职业道德等,更要加入全民健身教学内容的培训,从而使教师的教学目标能够进一步明确,对于教学质量的提升也有积极影响。

---

① 王雷.全民健身背景下高校健美操教学的优化对策[J].体育世界(学术版),2019(07):130-131.

第三章 现代体育教学健心功能实现与创新培育

现代体育教学不仅具有健身功能,在心理调节和改善方面也有着非常重要的功能。当前,心理健康已经被提上了日程,被重视的程度也越来越高,鉴于此,在体育教学中渗透对心理健康的重视和影响成为一大趋势。本章主要对心理健康的基本理论、心理健康的影响因素及其维护、体育教学对心理健康的促进等知识点进行阐述,除此之外,还特别提出在体育教学中要重点培养创造性思维,如此一来,使读者能够对体育教学健心功能的实现与创新培育有全面且深入的了解与认识。

第一节 心理健康的基本理论

一、心理健康的定义

关于心理健康的概念,常见的主要有以下几种观点。

《简明不列颠百科全书》对心理健康的定义是:心理健康是指个体心理在本身及环境条件许可的范围内所能达到的最佳功能状态,这种状态并不是绝对的、完美的。

波孟提出:心理健康是与某一水准的社会行为相符的,能为社会所接受的同时也能为本身带来快乐。

日本的松田岩男对心理健康的理解为:"所谓心理健康是指人这样一种心理状态,即个体对内部环境具有安全感,对外部环境能以社会上认可的形式来适应"。

我国台湾学者张春兴把其界定为:"心理健康是一种生活适应良好的状态"。

《中国心理学百科全书》所提出的观点为:心理健康与心理卫生的含义基本是等同的,都是指心理健康状态,具体的表现为自我情况良好,与社会处于契合和谐的状态;维持心理健康,减少行为问题和精神疾病的原则和措施。

通过对上述各种定义的综合分析,可以将心理健康理解为:心理健康是指一种持续且积极发展的心理状态。

二、心理健康的意义

(一)心理健康是社会适应的基本条件

对于个人来说,其不仅是一个独立的生物体,更是一个社会发展中的成员之一。一个人必须在社会中生存,因此,适应社会是生存发展的必要条件,同时,只有这样才能对社会做出应有的贡献。心理健康的人,其社会适应能力通常是比较强的,周围环境发生一定的变化之后,自身就需要以此为依据,来对自己的心理活动进行适当调整,使心理状态能一直保持与周围环境相适应,这样,就能以充沛的精力从事社会实践活动。相反,如果不能通过及时调节心理状态,来与周围环境做到良好的适应,就会导致其心理状态不佳,心理处于不健康的状态,这样,其社会适应能力水平就会比较低,这对于他们的社会活动的顺利进行是非常不利的。由此可以看出,心理健康是社会适应的基本条件。

(二)心理健康对生理健康的直接影响

心理健康与生理健康之间有着非常密切的联系,生理健康是心理健康的基础,而心理健康又是生理健康的条件。在某种情况下,由于心理方面的问题所导致疾病的影响力并不低于生理方面所产生的致病作用。如果一个人的心理长期处于不健康的状态，那么生理异常或病变必定会出现。《黄帝内经》中就有："喜怒伤气，寒暑伤形。暴怒伤阴，暴喜伤阳……喜怒不节，生乃不固"。"怒伤肝，喜伤心，思伤脾，忧伤肺，恐伤肾"。关于心理因素导致疾病的影响，已经成为医学界和心理界广泛关注的一个重点。除此之外，研究发现，心理因素是许多疾病的病源或诱因。比如，心血管病、胃肠病、癌症以及哮喘病、糖尿病等常见的疾病都在不同程度上与心理因素相关。

（三）心理健康是智力发展的必要条件

人的心理活动是在大脑的指挥下进行的，可以说，如果一个人的心理活动是健康的，那么其智力活动也会因此而受到良好影响。心理活动通过大脑对智力活动产生直接影响。愉快、乐观的情绪，不仅使人的记忆力增强，而且还使人反应灵敏，思维活跃；但是，如果是焦虑不安、悲观、苦闷、愤怒等不良情绪，所产生的作用主要是使人心烦意乱、思维停滞，阻碍其智能的发挥。如果心理紊乱的现象持续的时间较长，那么就会导致其大脑机能失调，必然破坏正常的智力活动。调查研究发现，以脑力劳动为主的学生，如果心理不健康，其正常的学习就会受到影响。因此，为了进行正常的学习活动，学生必须保证其心理是处于健康状态的。

三、学生心理健康的标准

（一）心理健康的一般标准

对心理健康进行衡量的一般标准，可以大致概括为"三良"。

1. 良好的个性

具体表现：情绪稳定，性格温和，言谈举止在别人心理上能够认可，能够在适应环境中充分发挥自己的个性特点，没有经常性的压抑感。

2. 良好的处事能力

具体表现：适应复杂的社会环境，对事物的变迁能始终保持稳定而良好的情绪，在不同的环境中能保持适应性，能保持对社会环境和肌体环境的平衡。

3. 良好的人际关系

具体表现：待人接物大度和善，既能善待自己，自尊自爱，自信自强，又能宽以待人，对人不吹毛求疵，对他人的问题与人际矛盾不过分计较。能助人为乐，与人为善。

（二）学生心理健康的具体标准

1. 智力正常

智力，是日常生活中常提到的一个词，很多人对其理解较为片面，认为智力就是记忆力。实际上记忆力只是智力的一个组成部分。关于智力，可以将其理解为一个人的记忆能力与活动能力所达到的水平，一个人的智力水平如何，能够将人的观察力、注意力、记忆力、想象力、思维力、创造力和实践活动能力等都反映出来。同时，这些因素也都属于智力的范畴。

对于学生来说，智力正常是他们学习、生活、工作的最基本的心理条件，只有具备这一基本条件，才能在后面的学习活动、社会实践活动中能保证胜任，并且能够在心理上也保持正常状态。同时，智力也可以作为重要标准来对学生心理健康进行衡量。一般来说，对学生的智力进行衡量，来判断其是否正常，甚至相对于同龄人，要抓住的一个关键点就是其是否正常、充分地发挥了效能。通常，学生智力正常且充分发挥的标准是：有强烈的求知欲和浓厚的探索兴趣；智力结构中各要素在其认识活动中都能积极地参与并正常地发挥作用；乐于并有效地学习。同样的，由此可以归纳出心理不健康的标准为：不能坚持正常的学习和工作，或者害怕学习的艰苦，厌恶学习，或者怨天尤人，不积极努力。

2. 情绪健康

对于学生来说,心理健康的标准有很多,其中一个重要方面就是情绪健康,因此,对学生心理健康的培养与提升,往往首先要对其情绪健康加以重视,这是处于重要的核心地位的。

一般的,学生的情绪健康包含的内容有下列几个方面。

第一,能够在大多数的时候保持积极的情绪状态。处于这种积极的情绪状态,就会表现出乐观开朗,充满热情,富有朝气,满怀自信,善于自得其乐,对生活充满希望。

第二,在遇到不同事件时,所表现出的情绪反应都是合理且适度的。要有能力来适当调节自己的情绪,要将克制约束与适度宣泄之间的关系处理好,不过分压抑,在表达情绪时,要做到既与社会的要求相符,同时也与自身的需要相符,在不同的时间和场合能够将情绪合理且恰如其分地表达出来。

第三,情绪相对稳定。在某个特定的时期,一个人的情绪应该是处于相对平稳的状态的,"当喜则喜,当忧则忧",而不能喜怒无常。

3. 意志健全

意志也是一个心理过程,其对人们采取各种行动、克服困难以达到预定目标,起到积极的促进作用。意志强弱受到很多因素的影响,其中,情感所起到的是重要的决定性作用,强烈的追求才会使人采取需要克服困难的某些行动。对在校的学生而言,意志健全者在行动的自觉性、果断性、顽强性和自制力等方面都表现出较高的水平。意志健全的学生在各种活动中都有自觉的目的性,能够在合适的时间做出正确的决定,同时,还能在朝着目标奋斗的过程中坚韧不拔,持之以恒,不受外界干扰,运用切实有效的方法解决所遇到的各种问题。在困难和挫折面前,他们能采取合理的反应方式,能在行动中控制情绪和言行。

4. 人格完整

从心理层面上来说,所谓的人格,就是指个体稳定的心理特征的总和。一般来说,心理健全的人往往也具有完整的人格,稳定性较好,即言行一致。对于在校学生来说,其完整人格的标准主要有以下几个方面。

(1)人格要素能够保证完整统一,即便有一定的缺陷和偏差,也表现得并不明显。

(2)自我意识方面能保证其正确性,不会有自我同一性混乱的情况产生。

(3)人生观能保证其正确性。以积极进取的人生观作为人格的核心,围绕这一中心,将自己的需要、愿望、目标和行为统一起来。

(4)人格相对稳定。人格具有相对稳定性,并在一切活动中将其区别于他人的独特性显示出来。在相对稳定的状态下,人格一般是不易改变的。

5. 自我评价恰当

自我评价,就是个人对自己的认识与评价。一个心理健康的人,所作出的自我评价往往是恰当的,他们能体验到自我存在的价值;同时能接受自己,对自己抱有正确的态度,不骄傲,也不自卑。由此可以看出,心理健康的人总是能面对客观现实,对自己做出正确且客观的评价。而心理不健康的人,在自知之明方面较为欠缺,他们对自己的优缺点的评价通常会有失正确。

对于在校学生来说,他们所处的学校环境是一个现实环境,会与他人形成各种各样的相互关系,他们会在自己的实践活动中不断加深对自己的认识程度。对于心理健康的学生来说,他们通常能够较为客观地认识自己,同时能有效评价自身的所作所为,这些都是学生心理健康评价的重要条件。

6. 人际关系良好

人是在社会中生存和发展的,因此,作为社会人,其总是处在一定的社会关系中的,在校学生也必须与同学、教师、其他学校人员以及社会人士打交道。对于学生来说,能够保持和谐的人际关系,是其保证心理健康的一个重要条件,只有这样,其才有可能保持心理健康的状态。

说了这么多,怎样的人际关系才是学生应该具有的良好人际关系呢?具体表现如下。

(1)喜欢与人交往,人际关系能具有良好的广泛性与稳定性,并且在交往上有一定的深度,能够做到与个别人的交心。

(2)在交往中保持独立而完整的人格,有自知之明,不能盲目参与到不适合自己的人际关系中,能做到不卑不亢。

(3)能对别人和自己都进行客观评价,善于取人之长,补己之短。

(4)宽以待人,乐于助人。

(5)在交往态度方面,要保证积极方面占据主导地位。

(6)交往动机端正和以集体利益为重。

7. 良好的社会适应能力

良好的社会适应,就是对社会环境中的一切刺激能作出恰当的正确反应。对于在校学生来说,较强的社会适应能力是其心理健康的重要特征。一般来说,一个人之所以会产生心理障碍,受到很多因素的影响和制约,其中,不能有效处理与周围现实环境的关系是其中之一。

8. 心理行为特点与学生年龄特征相符

纵观人的一生,随着人的年龄的不断增长,其心理行为也会发生一定的变化,从而与年龄相适应。每个人的认识、情感、言行举止都基本上与他的年龄特征相符,这就可以归纳为心理健康的范畴,反之,则属于心理异常。在校学生这一群体处于特定年龄阶段,因此,这就赋予了其一定的特殊性,这就要求其应具有与其年龄和角色相适应的心理行为特征。

第二节 心理健康的影响因素与维护

一、心理健康的主要影响因素

对于在校学生来说,其心理健康方面问题的产生是有多方面原因的,具体来说,对学生心理健康产生影响的因素可以归纳为以下几个方面。

(一)社会因素

对学生的心理健康产生影响的社会方面的因素主要是指家庭、学校、社会等个体以外的客观因素。

现代社会中,在校学生面临很多挑战,心理上的压力源也是多方面的:社会责任的压力、生活本身的压力、竞争的压力、整个社会节奏不断加快所带来的压力,特别是十分严峻的就业形势给在校学生带来的压力。如果这些压力感过于沉重,往往就会导致学生在心理上产生一定的障碍。

(二)学校文化环境中的消极因素

学校作为社会的一个部分,对于学生来说,是一个"小社会",学校文化作为亚文化对学生心理健康会产生直接且深刻的影响,但是其中,人际关系复杂化、学习生活的紧张化和业余生活的单调化以及当前学校片面贯彻应试教育,忽略素质教育的培养体系等这些不利的因素都会对学生的心理健康产生不同程度的影响。

(三)个体生理因素

对在校学生心理健康产生影响的个体生理因素主要有大脑的器质性病变、躯体疾病、遗传因素、神经系统的先天性不健全等方面。

(四)个体心理因素

学生心理健康受到很多方面因素的影响,其中,主要的内部因素就是个体的心理因素。

二、心理健康的维护

一般的,对心理健康的维护可以从以下三个方面着手进行。

(一)从生理方面加以维护

心理健康是在身体健康的基础上实现的。因此,对心理健康的维护要从生理保健开始,对于在校学生这一个体来说,应进行终身的身体保健、定期健康体检、早期发现身体异常现象、锻炼身体、增强体质等,从而从根本上对心理健康起到积极的促进作用。

(二)从心理方面加以维护

从心理方面来维护心理健康,首先需要做的就是培养健全的人格,关键之处在于,要使个体在所处的环境中获得支持和发展的帮助。其中,起到重要作用的主要包括和谐的家庭环境和青少年时期逆反心理的处理,以及逆境心理的培养这几个方面。除此之外,还有很多方面也是不可或缺的重要因素,比如,锻炼克服困难的能力,增强对生活危机的适应能力,富有爱心及正确的人生观,良好的情绪及控制能力,情感自由表达的足够机会,健全的人际关系处理能力等。

(三)从社会方面加以维护

具有良好的生活环境和公共设施、可选择的工作机会、良好的社会支持系统等,能够使导致心理危机的社会压力有所减小。

和谐稳定的社会秩序、安全的生存空间和诚信友爱的人际关系等对于心理健康的维护是有所助益的。

第三节　体育教学对心理健康的促进

一、体育教学对心理健康的积极影响

通过体育教学及操作性知识的学习,学生能够得到个性化的发展,具体表现在意志、情感和态度等方面,学生非智力因素的发展将得到积极的促进。

具体来说,体育教学对学生心理健康的积极影响,主要从以下几个方面得到体现。

(一)丰富情感体验

情感,实际上就是人对客观事物态度的体验,能够将脑的机能反映出来,某种意义上来说,这也是客观刺激物作用于大脑皮层的结果。产生激烈的情感时所形成的情感体验和情感反应,与神经系统多种水平的技能相互联系着,是大脑皮层和皮下神经过程协同活动的结果。

人在产生各种情感时,机体的生理和动作表情都会发生相应的一些变化。身体运动的体育教学,能够对神经系统产生有效刺激,促使学生产生一定的生理变化,由此,相应的情感体验便产生了。

(1)体育教学的开展,能使学生对体育的兴趣与爱好得到有效培养。在体育教学过程中,教师安排的内容使学生非常喜欢和投入,或者教师上课的教学方法很新颖等,都可能引起学生对体育课的兴趣,学生对体育课产生兴趣之后,教师可以通过各种途径使学生形成对体育的爱好,使他们认识到体育的意义与作用,

并主动参与到体育中。

（2）体育教学的开展，能使学生的文化体育生活更加丰富、充实，调剂感情，放松身心。学生处于紧张的学习状态，在这一过程中，难免会产生一些负面的情绪，比如，压抑、愁闷等，这就需要借助一定的途径和方式来将这些负面情绪释放出去。体育教学中的实践运动锻炼就是非常好的一个途径，学生借此能够将那些不愉快的意识、情绪转移到运动锻炼中的爆发上，能够尽快将烦恼和痛苦抛到脑后。一般来说，能够经常积极参与到体育运动锻炼中的学生，往往具有比较开朗的性格，情绪的稳定性也比较好，能够以饱满的精神状态投入每天的学习。除此之外，体育教学的开展，还能使学生的疲劳得到有效消除。

（3）体育教学的开展，能给学生带来成功的喜悦，增添兴奋的体验。在具有竞争性、娱乐性的体育教学活动中，学生全身的新陈代谢加强，各个器官和肢体都得到活动，左右脑半球的兴奋和抑制得到平衡，对紧张与焦虑情绪的缓解有积极的影响。

（4）体育教学的开展，能调整学生的情绪状态，被认为是一种心理治疗方法。有调查发现，体育锻炼是治疗抑郁症的有效手段之一，同时也是一种消除焦虑症的治疗方法，通过体育锻炼可以减缓或消除这些心理疾病。

（5）体育教学的开展，能够对学生高尚的情感进行培养，对学生心理健康进行有效促进。对于教师来说，其要以学生在课堂上的情感特点和发展规律为依据，来培养学生适宜的激活水平、自我调节和控制情感的能力，同时，创设适当的情景也是不能忽视的重要方面，这些有利于培养学生的情感、改善学生的情绪，对其心理健康起到促进作用。

（二）意志培养

意志也是一种心理过程，具体来说，在这一过程中会自觉地确定目的，并支配调节自己的行动，克服各种困难，实现预定目的。在实践活动中，意志与认识、情感之间是有着非常密切的联系的,相互之间是不可分割的,将这三个方面统一起来,就形成了一个人的心理活动。

体育教学对意志培养具有重要的作用,具体表现在以下几个方面。

(1)体育教学的开展,能使学生的意志品质得到有效培养,有效提升学生的抗挫折能力。另外,在体育教学的实践过程中,气候条件的变化、动作的难度或意外的障碍等客观困难和胆怯畏惧心理、疲劳和运动损伤等主观困难都会对体育教学的顺利进行和教学效果的取得产生制约。因此,这就要求学生能够在体育教学过程中有效克服这些困难,可以说,锻炼者越能努力克服主客观方面的困难,也就越能培养起良好的意志品质。因此,在这种教学中长期培养起来的坚持不懈和顽强毅力,对于学生迁移到其他功课学习和以后工作生活中也会产生有利的影响。

(2)体育教学的开展,能使胆怯、畏缩的情绪得到有效克服。对于很多具有挑战性的运动项目,学生会产生害怕、畏缩心理,教师应抓住机会,不断对学生勇于尝试、不畏困难的思想进行培养和提升。通过积极的引导,使学生能够逐渐获得克服困难与障碍的勇气,这也为其日后在社会中应对困难创造了良好的条件。

(3)体育教学的开展,对于学生的认识水平的提升也至关重要。具体来说,可以通过发展积极情感;引导学生完成既定任务的信心,激发活动动机;与所参与的体育运动项目的技术特点和练习方法相结合等方式来达到有效培养和提升学生意志的效果。

(三)性格养成

性格,就是一个人比较稳定地对现实的态度和习惯化的行为方式所表现出来的心理特征。一般而言,同一性格的特点在类似的情境和不同的情境中都会表现出来。人的性格是在长期的生活实践中形成的,因此,是可以在后天中借助各种方式和途径来加以改善的。性格是心理过程的一个重要方面,其在性质上具有多样性。与其他的心理现象一样,性格也是脑的机能。

体育运动对学生社会意识的培养,对其性格、气质的改变以及对其各方面能力的提升都有着非常重要的作用和意义,而这是通过多侧面、多层次、全方位,潜移默化的方式得以实现的。在体育教学的开展过程中,学生的情操会得到陶冶,激烈的体育竞赛也会对他们的个性得到充分的展现和发展起到积极的推动作用。体育教学通过一种感性的手段,将社会实践的过程模拟了出来,在这一过程中,以学生身体练习形式,来对学生的人格特色进行培养,使其能建立具有自身特色的性格。

(四)智力发展

智力,通常将其理解为人们认识客观事物的过程中所形成稳定的心理机能的综合,这种综合主要是指对注意力、想象力、观察力、思维力和记忆力五个基本因素的综合。

一般的,人体在体育运动的过程中,要将视觉、听觉、平衡觉、本体感觉等多个感官都调动起来参与工作,各种感觉信息不断传入大脑皮层的各个中枢,从而活化、刺激了大脑细胞并改善大脑的供氧量,这对提高大脑皮层细胞活动的强度、均衡性、灵活性和分析、综合能力,使整个大脑神经系统的结构、功能得到改善和提高都是非常有帮助的。

在体育课堂教学中,通过观察法、对比法和示范法的运用来讲解一个新技术动作,能使学生的观察能力和理解能力得到有效发展;通过练习技术动作及制作一些体育课堂用具,能对学生的记忆力、想象力和创造意识力的发展起到促进作用;通过教学比赛和各种体育游戏,发展学生思维的流畅性和灵活性等,能够对神经系统的发育起到促进作用,为智力的开发奠定生物基础。

此外,体育教学中的身体运动及集体活动,也能对学生观察能力、记忆能力、想象能力和思维能力的培养起到重要的作用。除此之外,还有相关研究发现,体育运动锻炼对于开发大脑右半球的功能,发展儿童的直觉、空间转换、形体感知等形象思维及创造力都是有所帮助的。

从多元智力的角度来看,在体育教学的过程中,应帮助学生协调地控制身体运动、熟练地操作器材,对学生的空间感知能力和对方向速度、重量的判别能力进行有效培养和提升,从而提高学生的认知能力,对其智力得到更好的发展起到促进作用。

（五）品德教育

在1999年的《中共中央国务院关于深化教育改革全面推进素质教育的决定》中,就有重视品德教育的观点,"各级各类学校必须更加重视德育工作""寓德育于各学科教学之中"。[①] 由此可见,品德教育的重要性。

关于品德教育,不同专家学者给出的理解是不同的,但是,有一点是可以确定的,即他们都认为在体育教学中进行品德教育是非常重要且必要的。

通过对以前的课程大纲和教师的教案的调查分析,就会发现其中普遍存在一个重要的教学目标,就是进行思想品德教育。但是当前,新课程改革往往将其忽略掉了,或者说对其不够重视了,而以其在体育教学中的重要性而言,品德教育是不能被忽视掉的,因为体育教学的特殊环境和教学场景,对体育教学在思想品德教育方面的优势起到重要的决定性影响。

（六）身心娱乐

对于一个人来说,如果能够经常锻炼身体并保持高水平健康状态,那么其受到生活压力的消极影响就会相对小一些。体育教学的开展,能够使学生的心理压力得到有效缓解,换句话说,就是体育教学对学生具有娱乐放松价值。

关于体育教学这方面的作用,人们往往存在着一定的误解或者认识上的偏差,这也影响实际的体育教学。在体育教学的过程

---

① 张丽蓉,刘洪伟,王永祥.体育教学的价值回归探索[M].北京:中国纺织出版社,2017.

中,学生的筋骨得到锻炼,身心得到放松;对学习紧张的学生来说,在一定程度上可起到放松身心、调节身心、娱乐身心的作用。

体育运动带给人们的快乐是其他事物所无法做到的,娱乐性是体育与生俱来的特点。通过运动快感的体验、信息获得与知识学习、紧张情绪转移、被陪伴的快乐和美的享受等心理机制,体育能够为其参与者带来快乐的体验。因此,这就要求体育教师要在体育教学中适当地增加娱乐教育内容。具体应从以下几个方面着手。

第一,在体育教学中加入娱乐理念和目标。我国学校体育和体育教学涉及的娱乐因素是非常少的,或仅作为教学辅助手段,对学生的休闲娱乐教育的重视及实施方面是非常欠缺的。这就要求当前的体育教学,应将体育娱乐的理念纳入其中,让学生懂得娱乐的意义和具有娱乐的能力,使学生在轻松的活动和氛围中健康的成长。

第二,在体育教学的具体实践中要将娱乐教育的专门内容加入其中,教师教学中还可以将一些新的教学内容加进来,让学生尝试各种传统的、流行的运动;通过对规则的改变,来使学生积极参与并培养学生对运动项目的兴趣,在"玩"的前提下获得运动技术和身心的发展。除此之外,以比赛来促进教学也是教师可以采取的重要方面,这对学生获得快乐的体验、增加娱乐性、养成对体育的爱好也是非常有帮助的。

二、促进学生心理健康的体育活动方式

(一)田径运动对心理健康的促进

田径运动是学校中开展最为普及的运动项目,同时,其也是各级各类学校召开运动会的主要项目。田径运动对学生的身体素质和心理健康都有着非常积极的影响。其中,其对学生心理健康的影响主要表现在以下几个方面。

1. 使学生的意志得到磨炼

田径运动中的长跑,实际上能够对人的体能、意志品质进行严酷的考验。事实证明,良好的体能、坚强的意志品质,只有通过长期坚持长跑锻炼才能得以实现。在体育教学过程中,教师让学生参加长跑,可以在发展学生心肺功能的同时,磨炼他们的意志,使他们成为具有坚强意志的人。

长跑是比较枯燥乏味的,因此,学生对它的喜爱并不显著,但是,这也无法掩盖长跑在锻炼身体和培养坚持不懈的意志品质方面所能起到的积极作用。因此,这就需要教师在课前对学生做好思想动员工作,让学生能充分认识到长跑的锻炼价值,慢慢培养学生的兴趣,并让学生明确长跑测试不仅是对耐久跑步能力的测试,也是对自身意志品质的测试。

2. 使学生的竞争意识得到培养和树立

径赛有精确的时间计时,田赛有远度、高度衡量,因此,胜负往往就在分毫之差,这也将田径运动的竞争性特点体现了出来。

通过体育教学中的田径运动,学生能够学会与对手竞争,学会通过刻苦努力训练提高自身的实力,从而不断战胜对手。同时,学生也要学会对竞争进行正确的理解,做到成功时不骄傲、失败时不自弃。

3. 使学生的协作精神得到培养

田径运动的接力项目,不仅要求每一位运动员充分发挥自身的能力,还要求运动员之间能够默契地配合、协作。只有同时具备这两个条件,才有可能取得理想的成绩。

(二)体操运动对心理健康的促进

体操运动也是学校中比较普及的体育项目之一。体操运动是以人类自身特点为依据设计并对人体姿态和造型有特定要求的一种身体操练。体操运动对学生的心理健康起到积极的促进作用,具体表现如下。

1. 使学生勇敢顽强精神得到培养

体操中的跳箱、跳山羊等难度较大的动作会使学生产生恐惧情绪,导致其往往会难以完成动作。这就需要教师进行积极的引导和正确的保护、帮助,从而逐渐消除掉学生的恐惧心理,使他们不断经过练习,最终完成这些动作。在这一过程中,学生的勇敢顽强、勇于战胜困难的精神也会得到培养和提升。

2. 使学生自信心增强

学生通过学习体操动作,体验从不会到会、从简单到复杂、从完成困难到完成自如的整个过程,这些对于他们形成良好的自我效能感,增强其自信心都是非常有利的。

（三）球类运动对心理健康的促进

大多球类运动都受到学生的喜爱,其特性为对抗性较强,运动强度较大,有特定的规则,具有较强的集体性,受心理因素的影响较大。球类运动在促进小学生心理健康方面起到了较大的作用。

1. 使学生神经系统的灵活性得到锻炼,反应能力有所提高

体育教学中的球类运动是千变万化的,球类运动快速多变的运动环境及运动方式能使学生应对复杂情况的快速反应能力得到有效锻炼,由此,能使学生神经系统的灵活性得到有效提升。

2. 使学生的思维能力得到提高

球类运动的技术动作和战术配合虽然是比较固定的,但是真正比赛时技术动作的运用、与同伴之间的配合却是千变万化的。这种多变的运动形式能使学生的思维能力得到有效锻炼,从而有效提高他们的判断力、直接思维能力和操作思维能力。

3. 使学生顽强、勇敢、乐观的精神得到培养

球类运动的比赛激烈程度是比较高的,这种充满竞争的比赛能使学生敢打敢拼、勇于竞争的精神得到磨炼。同时球类运动技

能比较复杂,学习和掌握起来有一定的难度,这对于学生不怕苦、不怕累的精神培养也较为有帮助。另外,参加球类运动需要较好的体能,学生只有刻苦训练才能提高自身的水平。整个过程将培养学生不怕困难、勇于进取的精神。再者,球类运动的趣味性是非常强的,学生在球类运动的参与过程中,能够从不同的运动项目中获得不一样的乐趣,这对于培养学生的积极乐观情感是非常有帮助的。

4. 使学生的性格更加完善

有些球类运动是团体运动,需要学生以群体的方式参与其中,比如常见的足球、篮球、排球等,这就要求学生在参加这些运动时,一定要做到良好的相互交流、相互协作,这种群体性的沟通活动能够对学生的性格产生潜移默化的影响,使他们的性格逐渐趋于完善。

5. 使学生的团队精神得到培养,协作能力有所提升

球类运动中的某些团队项目对团队配合的重视程度要高于个人技术的发挥。究其原因,主要是由于只有同伴之间的相互协作,才能确保战胜对手,实现团队目标。因此,学生通过参加球类运动,能使自身的团队意识以及与别人合作的能力得到提升。

(四)武术运动对心理健康的促进

武术是中国传统体育运动项目,以技击为主要内容,强调内外兼修。当前,武术也是学校体育教学的重要内容之一。武术运动对学生心理健康的促进作用表现在以下方面。

1. 使学生的神经系统灵活性和协调性得到锻炼,集中意念的能力增强

武术套路动作中常见的屈伸、平衡、跳跃、翻腾等动作,涉及的人体部位有很多。因此,学生通过武术教学中的练习,能使个体神经系统的灵活性和协调性得到全面提高。另外,武术运动讲

究调息行气和意念活动,对学生来说,能起到非常显著的调节内环境平衡,提高集中意念能力的作用。

2. 能使学生的意志和品德得到培养和提升

武术练习可以从不同方面来考验和提升学生的意志品质。练习武术需要克服许多困难,常言说"冬练三九、夏练三伏",这就需要学生具备持之以恒、坚持不懈的意志品质。武术练习的套路是固定的,因此其练习过程是比较枯燥的,这就需要学生具备吃苦耐劳,永不自满的品质。另外,武术练习还需要学生坚韧不拔、勇敢无畏的斗志。经过长期锻炼,可以培养学生的勤奋、刻苦、果断、顽强、坚持不懈等良好的意志品质。

(五)拓展训练对心理健康的促进

拓展训练本身具有显著的体验性、趣味性、挑战性、情境性、互动性、团队中的个性、高峰体验性以及自我教育性等特点。教师应该对这些特点进行准确把握,根据学生的心理特征以及常见的心理问题,与学生的特点相结合,来完成教案的设计。

体育活动在学生的心理健康方面也起到积极的促进作用,拓展训练对于充分挖掘学生的心理潜能和促进其心理健康同样具有重要的作用,因此将拓展训练和学校体育合理结合,充分发掘学生拓展训练的形式对促进体育教学,增进学生心理健康所产生的意义是非常重大的。

通过对拓展训练不同情境的创设,来达到促进学生各方面心理健康的目的。

1. 通过创设相互交流的情境,来使学生彼此之间的陌生感和距离消除

在学校开展拓展训练,教师要将相互交流的情境创设出来,以此来让每一名同学在特定的环境中将自己的语言表达能力和社交能力充分发挥出来,并最终完成任务。

通过这一情境的游戏,使同学更有效地将自己展示给大家,

同时也能收到许多同学的信息,使他们相互间害羞的心理得以消除,和陌生同学之间的隔膜也被打破,并且在游戏中融入了顽强拼搏、积极向上的体育精神。同时,这一情境的游戏,还能使同学们不断地进行个人与个人、个人与集体、集体与集体间的语言交流,提高了学生们的表达能力和人际交流能力。

2. 通过沟通情境的创设来对学生的沟通能力加以培养

沟通是每个人在学习、工作、生活中非常重要的环节。学生需要在日常的生活和学习中与教师、同学及其他人进行沟通,因此,对他们的沟通能力进行培养是非常重要且必要的。

为了培养学生非言语的表达能力和相互之间的交流能力,教师就要对于学生学会除了语言的其他表达方式,比如肢体语言、表情、手势等进行积极的引导。只要教师创设这种类似的需要一定沟通技巧、有一定难度的交流情境,引导学生在非正常的沟通环境里寻找沟通渠道,使学生通过肢体语言、身体接触、倾听、表情、手势和同学们进行沟通,体验不同沟通方式的不同作用,进一步引导学生对完成游戏的全过程进行思考,让学生了解到和蔼的态度、得体的语言和表达方式等是成功与人交流的重要因素,进而达到有效提高学生的沟通意识和沟通能力的目的。

3. 通过相互帮助情境的创设来对学生之间的相互信任进行培养

信任是与人相处过程中非常重要的素质之一。而相互信任是团队成员合作的基础。教师通过创设相互帮助的情境,来帮助学生之间建立和谐融洽的关系,教给他们怎样在危急的情景下建立彼此信任的关系。

4. 通过合作情境的创设来对学生的团队协作能力加以培养

合作精神是十分重要的品质,也是新时代人的素质的重要组成部分,是人类社会赖以生存和发展的重要动力。众人拾柴火焰高的道理大家基本上都懂,团队合作的奥妙也正在于此。合作精神的意义就在"1+1>2",因此,培养合作精神是非常重要且必要的。

要让学生与人合作的意识得到培养,并使学生能够在游戏中意识到个人力量的重要性,但同时,也要意识到团队的力量是更强大的。学生要明白一个团队的力量重在合作的道理,并且能够明确只有靠大家的共同努力,才能完成很多任务。通过各种合作游戏的参与,学生能够在这一过程中体会到团队合作的意义、学会与别人合作的方式,培养同伴间的相互关爱和信任。教师在设置相应的任务时,所参照的标准,就是必须是多人共同努力才能完成,单个人无法独自完成,每个人必须将自身的职责充分发挥出来,每个人都要尽最大的努力完成自己的任务,并且要发挥团队的合作精神才能完成的任务;通过对学生进行积极的引导,使其能够有效思考完成游戏的全过程,让学生了解到团队的每个人都必须将心态调整好,精诚合作,就会顺利完成任务,而孤注一掷、各自为政、以自我为中心则是无法达成这一目的的。

5.通过困难情境的创设来对学生的优良意志品质进行培养

当前,很多学生在生活中很少遇到挫折,这就导致很多学生形成了怯懦、吃不得苦、意志品质较差等不良品性。因此,通过创设一些困难,来培养他们的意志品质是非常重要且必要的。

对于学生来说,坚韧的意志品质是其成长过程中不可缺少的重要心理品质。不管是在古代,还是现代社会,坚韧不拔的意志品质、刚毅的进取精神及乐观向上的态度都是必不可少的基本素质。坚忍不拔的意志品质,是人确定和实现远大的志向和目标的重要条件。

通过困难情景游戏的创设,能够对学生坚韧不拔的意志品质进行积极培养,并使学生的潜能得到开发和挖掘,使他们在面对压力和挑战时,能够从容镇定,取得最终胜利。在这类游戏任务完成的过程中,学生不仅会体会到失败,还会从中总结出失败的原因,从而为下一次游戏任务的完成奠定基础。游戏结束后,教师要对学生思考完成游戏的全过程进行积极引导,让学生了解到只有坚持到底才能取得胜利。

6.通过思考和想象机会的创设来对学生的创新意识加以培养

素质教育包含的内容非常多,培养创新意识在其中处于灵魂地位。对于素质教育来说,重点在于培养学生创新精神和实践能力,要达成这一目标,必须转变那种妨碍学生创新精神和创新能力发展的教育观念、教育模式。爱因斯坦曾说过"人们解决世界的问题,靠的是大脑思维和智慧,而不是照搬书本。"前苏联教育家苏霍姆林曾说"在学生的脑力劳动中摆在第一位的不是背书,不是记住别人的思想,而是让学生本人进行思考,也就是进行生动的创造。"[1]

通过具有良好思考和想象机会的拓展训练,学生的创造性思维空间得到拓展,实践动手能力得以培养。在游戏中,教师所起到的作用是引导,而不再是直接教学生怎么做。学生要充分发挥自身的想象力,同时充分挖掘其创造力和实践动手能力。培养学生创新意识的游戏有很多,在这些游戏中,只要教师充分思考一些需要努力和创新才能完成的问题,为学生设置发挥想像力、开拓创新的空间,让学生在这个空间中畅所欲言、积极畅想,让学生突破思维定式,全方位思考,寻求解决问题或完成任务的途径,都可以达到培养学生创新意识的目的。

第四节 体育教学中创造性思维的培养

一、体育教学活动中创造性思维的概念与特征体现

对于每一个正常的人来说,他们都是创造性思维活动的行为主体。通常,可以将创造性思维理解为能产生新颖思维结果的思

---

[1] 苏成栋.体育教学心理解析[M].贵阳:贵州民族出版社,2013.

维,这就将其新颖性特征体现了出来。创造性思维活动的新颖性程度越高,思维的创造性就越强。创造性思维是相对传统思维而言的一种思维方式,这种思维方式所体现的是鲜明的创造性特征。这种创造性特征在思维活动中有着广泛的、多方面的体现,在论证方式和思考角度、运用材料的方法和思维成果等方面上都有所体现。另一方面,从其思维运行的过程来看,创造性思维是一个由各种思维要素、思维能力相互作用、协同进行的系统化思维过程,这就赋予了其思维的整体性特征。所以说,创造性思维是大脑的各种思维活动形式和思维活动的各个要素之间有机结合、相互协同进行的高级整体思维活动。

不同人在主观和客观上存在着较大差异,因此,这也决定了他们对自身创造性思维的认识和理解不同,对创造性思维的特征的看法也不同。相较于一般思维方式,创造性思维具有否定性、自变性、独立性和超越性的基本特征。

（1）创造性思维的否定性。即从反面或对立面来思考一个事物,把事物中落后的、过时的、没有价值的东西排除,对其中进步的、先进的、有价值的东西加以肯定,并在此基础上创造出新的事物或新的观念。主要表现在对现存事物的否定,以及对反映过去的或现存的事物的思想的否定。

（2）创造性思维的自变性。即思维产生于社会变革的要求,发展于社会变革之中,又消亡于社会变革之后。

（3）创造性思维的独立性。即任何一种新的思想、新的理论、新的观念最初都不是以群体形式产生的,创造性思维是个人通过独立的观察和思考之后,对现实提出自己的见解,而且这种见解要符合客观事物的发展规律,要迎合现实的需要,这样才能被社会所接受。

（4）创造性思维的超越性。即对表象现实的超越,具体来说,就是从现实的发展过程的反映出发,可以指明前进的方向,预见未来。

二、与创造性思维培养相适应的体育教学的构建

(一)选择与学生创造性思维培养相适应的体育教学内容

在选择体育教学内容时,一定要将与生活和社会的紧密联系作为关注的重点。具体可以从以下几个方面入手。

第一,在延用传统的教学内容时,要对其进行适当的改造,使其与之前相对比能有一定的变化。通常,在选择教学内容时,常参照的依据为所制定的课程目标,在具体内容的取舍、优化、组合方面也要以此为依据来开展工作;对体育教学内容进行课程改革,并不等于对传统教学内容的全盘否定,传统的教学内容的出现也是体育工作者几代人的实践结晶,也是在一定的知识基础上逐渐发展形成的,应有选择地加以继承。

第二,要对现有的教学内容进行进一步的拓展和开发,以此来使学练内容的区域生活化程度更高一些;同时,还要把单一的技能、技巧学习逐渐发展为提高综合运动能力和实际生活所需要能力。

第三,在教学内容方面要进行相应的联想、创造,使创新教育具体化。联想是发现和创造的重要前提条件。而体育是以"技艺性"为主,从技术的艺术水平的层面进行思考,就是以求异思维为主来联想动作的变化,创编新的方法。在利用现有教材内容教学的同时,教师要针对学生的特点,来对他们的联想能力和思维能力进行有效拓展和开发,以此来将教材内容更好地内化,并且在这一过程中,也能创造学生自己没学过或超越现有能力的动作方法,以此来对学生进行求异性思维教育。

第四,对校本体育课程内容进行积极的开发和利用。体育教学内容涉及的范围较为广泛,民间体育项目也是其中重要的体育教学内容之一,其主要优势在于其有着广泛的群众基础和深远的社会影响。对踢毽子、打陀螺、跳房子、滚铁环等一些适合教学需

要的内容就可以直接引入运用；对一些基本适合教学需要的内容改编后引进体育教学，如此一来，不仅对民族体育文化的继承和发扬会产生有利影响，同时还能积极培养学生的创新能力，将时代文化注入民族、民间传统项目中再回归社会。此外，一些民间通俗的教学内容也是需要开发的重要方面，如利用一些在日常生活中较为常见且易于收集的家庭生活废品来对教学内容进行创变。将这些简易、安全、实用的器材资源，一物多用，不仅能使教学内容得到进一步的拓展和丰富，还能达到有效保护环境的目的，可以说是一举两得。另外，在选择教学内容时，还要考虑到现在社会的发展性，做到与时俱进，贴近学生生活，关注学生生活经验，如流行和时尚的街舞、芭啦芭啦舞、独轮车、滑板等竞技和休闲运动项目都可以进行改编，引进课堂作为体育教学内容。需要强调的是，不管选择的体育教学内容是什么样的，都必须满足学生的实际情况和需要、要源于生活、要体现"健康第一""终身体育"等思想，切记盲目。

（二）通过游戏式教学方法的运用来提高学生的创造性思维

对于学生来说，游戏是一项最受他们喜欢的综合性、集体性的体育项目，其有着显著的竞赛性和趣味性特点。游戏教学方法的运用，能够让学生沉浸在一定的情境氛围内，使他们在寻求现实生活的场景中，协调思维、想象能力；培养学生遵守纪律、团结互助、勇敢、顽强、机智、果断等优良品质，并发展学生的智力和能力；为学习不同运动项目的运动技术打下良好的基础。

在体育教学中不仅要采用游戏这一教学方法，还要保证游戏方法的多样性。如此一来，不仅能调动学生的活动情绪，而且还能提高学生的反应能力和灵敏性。为了保证游戏方法的运动效果，需要对以下几个方面加以注意。

第一，在"教"与"玩"的游戏教学中，要求体育教师要善于发现学生的活动行为，并利用有利时机及时地、有针对性地对学生进行思想品德教育。体育教师应采取积极诱导的方式、方法，对学生进行正面教育。同时,还要尊重同学、关心同学,特别要关心和帮助那些智力和体力较差的同学。在活动中让老师也参与进去,教师要以身作则,成为学生的表率,多和同学交朋友,使师生在活动中拉近彼此之间的距离,维持更为融洽的师生关系。

第二,将"教"与"玩"有效结合起来,同时,还要对学生的动手、动脑能力进行积极开发。教学有法,但无定法,贵在得法。在提倡以素质教育推动新课程改革教学为主题的今天,开发学生的智力,以学生为主体,以教师为主导是当今教学改革的首要任务。因此,这就要求游戏教学围绕这一主题来进行。将"教"与"玩"有机、和谐地结合起来,能够进一步拓展学生在体育教学中的知识面,对学生在速度、力量、耐力、灵敏、协调等方面的全面发展,以及学生的思维、判断、记忆等能力的增强起到促进作用,同时,还能为学生智力水平的提高创造有利条件。

(三)将学生求知欲、想像力的培养作为体育教学的重点

在体育教学中培养学生的创造性思维能力,需要教师在教学方式方面有创造性的改变,而这些教学方式的每一环节都要将对学生求知欲和想像力的培养体现出来。

学生本身就具有先天的优势,这在认识和了解事物的过程中有着显著表现,比如,强烈地探究事物本源的本能和需要。而这种本能和需要是体育教学中学生创造性思维培养的重要基础之一。学生要想有新的发现,就必须进行仔细的观察;而发现问题的能力的培养,则是有解决问题的需要,并进而培养解决问题的能力的必要条件。

体育教学能为学生提供储备丰富的表象素材,因此,这就要求以此为依据,对学生比较表象之间的不同点进行积极引导,将有利于提高学生的形象思维能力培养建立起来,从而提高学生的创造性思维能力。比如,对于年纪较小的学生来说,可以通过"沿地上画的直线跑"的教学方式,在教师的引导下,有的学生将直线比作轨道,将自己比作快速前进的车轮;有的学生则将直线比作

河流,将自己比作河中欢快奔腾的水珠,想象之丰富令人叹为观止。这种想像力会对学生的求异思维发展起到积极的促进作用。

体育教学中的游戏,能够作为有效手段来对学生求异思维进行积极培养。在体育教学中经常采用多角度教学法,具体来说,就是尽量从不同角度来认识同一游戏的方法和规则。在启发、引导式的教学过程中,能够使学生的发散性思维得到培养和训练,从而使其得到较好的发展效果。

三、体育教学活动中培养学生创造性思维的方式

创造性思维对于学生来说是非常重要的,因此,在体育教学过程中要注重对学生创造性思维的培养,具体可以采用的培养方式有以下几种。

(一)将培养独立人格特性作为关注重点

创造性的思维首先强调的是独立人格特性的培养,没有独立的人格,人之为人的根本特征也就不存在了,自主的创新能力的培养更是无从谈起了。教育对学生的独立人格必须持尊重的态度,且要通过各种方式来对学生的独立人格进行进一步的培养和完善,这是非常重要的前提,只有在此基础上,才能更好地激发和唤醒学生的自主性,学生的主体能力和主体人格才能得到切实的培养与提升。换言之,在体育教学过程中要将学生的主体性作用充分发挥出来,给予学生一定的自由空间,调动学生的学习积极性,让学生主动地、探究地进行学习。

(二)将学生的好奇心和兴趣有效激发出来

在体育教学的过程中,学生的好奇心和兴趣都是其能够积极参与教学活动的内在动力,因此,这就要求必须充分地激发学生的学习兴趣,使学生产生探究的欲望,学会发现式的学习方法,通过自己的观察、实践和思考,认识问题情境或事物之间的各种关

系,找到问题的答案。

在体育教学过程中,老师要将激发学生的兴趣作为关注的重点之一,并且充分利用学生的兴趣,使它转化为学生学习的内在动机,使学生产生对体育游戏投入的愿望,充分调动学生的思维活动,在这一过程中,教师可以进行适当的引导和启发,从而使学生的想象能力得到有效提升。

(三)对学生改造与创新原动作技能的培养实施鼓励措施

在一种创新活动中,有可能通过一些方式和手段派生出另一种创新活动来,创新和创新之间可能有一种技术技能互补的关系,从更大范围来讲,实际上就是一项活动创新可能导致另一项活动的创新。关于学生对原动作技能改造与创新能力的培养,不仅要进行积极的引导,还要采取一定的鼓励措施,促使学生更好地学习。

(四)对学生从多角度思考问题进行积极引导

在体育教学中,教师要对学生从不同的角度对同一问题进行思考加以引导,使学生能够在采用的方法上保证多样性,教师再进一步判断,对好的方法加以肯定。这种方法被较多地运用在器材的功能转变和一些小型游戏活动的设计上面。通过各种相关游戏的采用,使学生在体育活动中逐渐养成动脑的习惯,养成从多角度思维的习惯,不断提高分析和解决问题的能力,并产生很多有创意的见解,对学生创新能力的发展起到积极的促进作用。除此之外,还可让学生充分利用现有的器材并试图改变器材的功能来设计一些活动,这样能够对学生的思维活动起到促进作用,除此之外,还能使器材的利用率得到提高,使有些原本少用甚至不用的器材能够被充分利用起来,既开拓了学生的思路,也加强了师生之间的交流。最后需要强调的是,不管采用什么样的方法,都必须要将安全性问题作为关注的重中之重,针对这些不安全的因素，教师要善于正确引导和处理，不要因为不当的手段来对学生的积极性造成不必要的打击，同时，还要营造出一种与学生创新相适应的良好氛围。

第四章 现代体育教学教育功能实现与应用创新

教育,是所有教学活动都具有的基本功能,不能起到教育功能的教学活动都是没有意义的。在关于教学的相关研究中,都离不开教育这一字眼。在现代体育教学过程中,教育功能在很多方面都有体现,这种体现有直接的、表面的,也有深层次的、隐含的。本章主要对体育教学中的教育功能体现、体育教学中的创新教育理念、体育教学中创新教育功能的实现路径,以及素质教育在体育教学中的功能体现等方面内容进行分析和阐述,由此,能全面且深入地理解现代体育教学教育功能的实现与应用创新。

第一节 体育教学中的教育功能体现

一、体育教学过程的教育性

古往今来,所有的教学过程都要遵循的一个重要规律,就是"教学过程永远具有教育性"。体育教学的教育性,一直以来都是存在的,并且随着体育教学的发展而不断完善。体育教学的教育性的表现并不是单一的:一方面,体育教学中包含的各项活动,在组织的过程中,都会被赋予相应的任务,并依据这些任务,来将组织的原则、规则要求制定出来,然后要求学生以此为依据,去学习会用到的技术动作,并能做到熟练掌握。在这一过程中,学生要做好充分的准备,克服重重困难,以期能保证教学活动组织的顺利完成。这些因素综合在一起，就构成了体育环境。这样的环境，会直接影响到其中的学生的学习、锻炼或参加比赛。同时，体育教学环境中包含的因素不只有上述这些，还包括了教师在教学过程中使用到的教材、传授知识和技能所采用的各种教学方法、教学活动开展用到的教学环境、保证教学活动顺利完成用到的教学条件，以及学校传统和班级风气等方面。这些因素都能使教学过程显得更加有吸引力，学生在参与体育教学的过程中，也会因此而受到潜移默化的熏陶、感染和教育；另外，还能够使学生将良好的思想品德和个性品质迁移到这些学习、生活和工作等各个方面去起到积极的促进作用，从而达到理想的体育效果。另一方面，在体育教学中，学生往往能够将自己的思想感情和作风自然而然地表现出来。这种良好的表现形式，能够有利于教育者对学生思想特点的充分掌握，从而更好地做好相应的针对性教育，保证教育效果的理想化。在体育教学中，思想品德教育所包含的内容是极其丰富的，几乎所有具有积极影响的思想、意识、精神等的培养，都可以纳入思想品德教育的范畴中。

从体育自身来说，改造人自身的功能是其所具有的自然功能，这可以从两个方面得以体现：一个是形态结构与生理机能的统一，一个是身与心的统一。体育教学对学生的关注不仅仅是对学生身体健康的促进，还有心理方面的发展，这两者都是非常重要的方面，不可缺少任何一个。这就要求体育教学要善于营造不同于智育教学的、活泼的教学气氛，为学生的心理健康发展提供良好的环境。与此同时，还要在体育活动上下功夫，通过丰富和充实体育活动的内容，或者不断创新教学组织形式，来达到提升对学生的吸引力的目的，使学生积极参与到体育教学活动中，这对于提升其身体和心理健康的改善是非常有益的。同时，也要关注情绪的积极体验，关注个性的独立解放，使人际关系宽松和谐，使学生在轻松明快的环境中、在欢快愉悦的心境下，自由自在、无忧无虑、不知不觉地获得身心的健康发展。

第四章　现代体育教学教育功能实现与应用创新

二、教育性的体育教学诠释

一般来说,关于教育性体育教学的概念界定,采用的方式往往是应然的或具有一定规范性的,因为这样能够寻求一个正确的或最佳的纲领性定义。

对教育性体育教学的认知能够从体育教学的很多方面得到体现,其中,表现最为显著的有两个层面:一个是体育教学的目的层面,一个是体育教学的过程层面。

(一)从体育教学的目的层面理解教育性体育教学

从体育教学的目的层面上,对教育性体育教学的理解为,让学生对体育和健康知识有全面了解,并掌握能促进其健康的技术、技能,最终达到增强学生体质的目的。但这并不是体育教学的所有目的,而只是其中的一个方面,除此之外,对学生终身体育的意识、习惯和能力的培养也是教育性体育教学的重要目的之一。对于学生体育目标的实现来说,学校体育目标的完成是借助于体育教学这一基本途径而实现的,关于学校体育的主要目标问题,表现出的普遍意义上的内容也有很多,比如"增强学生体质,增进学生健康"。

某种程度上来说,培养学生形成终身体育的意识、习惯和能力,本身的根本目的就是实现"健康第一",这二者之间的关系非常紧密、相辅相成、不可分割。

(二)从体育教学的过程层面理解教育性体育教学

对教育性体育教学过程层面上的认知要求的理解,通常为对体育的基本知识、技术与技能的掌握。从本质上来说,体育课程的属性是学生在教学过程中不断学习体育运动方面的知识和技术技能。这就体现出了体育教学对于学生掌握体育知识技能的功能。

从这个层面来说,体育教学实际上就是一种教师与学生之间的双边活动,即教师将运动技术传授给学生,而学生则充分学习这些内容。在这种教与学不断进行的过程中,学生逐渐做好了体育运动知识和技能的储备,这就为今后长远的、增强体育、促进健康,以及培养并树立终身体育的意识、习惯和能力,都奠定了坚实的基础,这一点是不可被忽视的。

第二节　体育教学中的创新教育理念

一、创新教育理念的内涵与构成分析

(一)创新教育理念的内涵

我们可以从两方面对创新教育加以理解,一方面,其是培养高素质的创造性人才的必经之路,另一方面,其是深化教育改革所采用的具体措施。

创新教育理念所强调的重点是教育理念方面的创新性,这种创新性在素质、人格、人才培养方面都有所体现,同时,这几个方面也是创新教育实施的出发点。从另一个角度上来说,创新教育是对教育本质特征和基本规律的理性认识与判断,通过进一步的创新,来使自身的教育理念得到进一步的突破,这也将其显著特性体现了出来,表现为根本性、简洁性、指导性、时代性以及系统性等。

创新教育所涉及的范围是非常广泛的,较为典型的如教育的目标问题、方法的改革和内容的调整,而且要系统地对教育进行改革。

创新教育与传统教育之间有着显著的区别,从本质上来说,表现在以下几个方面(表4-1)。

第四章　现代体育教学教育功能实现与应用创新

表 4-1　传统教育与创新教育的对比

	传统教育	创新教育
①培养目标	"知识生产者"，这种人才的作用主要体现在对精确领域问题的解决上	"生产知识者"，这种人才的作用主要体现在对模糊领域问题的解决上
②强调重点	能够在教育上进行一定的模仿和继承，能够有能力适应当今社会	能够对教育进行有效变动，并促使其得到发展，在应对未来社会的变化方面有充分的能力
③教学要求	要求较低，以全面平推为主	要求较高，强调的是单项突破
④获取知识	将储存、积累信息的能力作为关注重点	对提取、加工信息的能力更加关注
⑤学习态度	被动接受的态度	积极主动的态度
⑥学习思维	集中思维	扩散思维
⑦教学形式	对结果的重视程度更高，主要强调提供结论性的东西，是结论性教学给予学生现成的、唯一的标准答案	对过程的重视程度更高，强调的主要是学习的思维过程，是过程性教学提倡探索的设想方案并进行选择和决策

（二）创新教育理念的核心构成

创新教育作为教育理念的一个方面，其将对人的创新素质的培养作为关注的实质重点，所涉及的内容有三个维度，即创新意识与创新精神、创新思维与创新人格、创新能力与实践能力。这三个方面，都是创新教育不可或缺的，各自处于不同的地位，发挥的作用也各不相同。比如，培养创新意识和锻炼创新能力处于核心地位，其所发挥的功能也是最为主要的；培养创新意识则处于基础地位，起到重要的基石性作用，是其他两个方面的地基；而锻炼创新能力则处于提高地位，其对创新教育的可持续发展有重要意义。

关于创新教育的构成，从核心方面来说，可以从图 4-1 中有直观的了解。

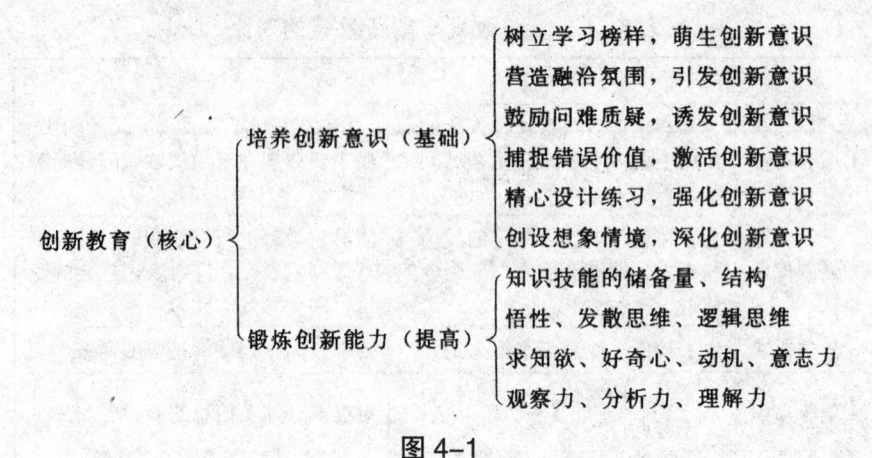

```
                          ┌ 树立学习榜样，萌生创新意识
                          │ 营造融洽氛围，引发创新意识
              ┌ 培养创新意识（基础）┤ 鼓励问难质疑，诱发创新意识
              │           │ 捕捉错误价值，激活创新意识
              │           │ 精心设计练习，强化创新意识
创新教育（核心）┤           └ 创设想象情境，深化创新意识
              │           ┌ 知识技能的储备量、结构
              │           │ 悟性、发散思维、逻辑思维
              └ 锻炼创新能力（提高）┤ 求知欲、好奇心、动机、意志力
                          └ 观察力、分析力、理解力
```

图 4-1

1. 创新意识的培养

要培养创新意识，首先要了解什么是创新意识，具体来说，就是创新活动的内部心理倾向，好奇心、求知欲、怀疑感、创新需求、思维的独立性等是其主要的表现形式，其作为重要的前提条件来促进创新心理素质形成。创新意识的培养，与创新敏感度、创造创新张力的培养之间是有着不可分割的密切联系的。

2. 创新能力的锻炼

创新能力，实际上就是在创新活动中所达到的能力水平，创造性的观察能力、思维能力和实践能力是其主要的表现形式。所涉及的方面主要有知识储备量、知识结构、悟性思维、逻辑思维、好奇心、求知欲、动机、意识、意志、注意力、观察力、分析力等。学习压力、抑郁、适应能力是创新能力的几个主要影响因素。创新能力的形成，首先要具备的一个前提条件就是要有创新意识，创新意识能够对创新能力起到支配和强化作用，反过来，创新能力又会不断强化创新意识，使创新意识更加强烈。

综上所述，对学生创新意识、创新能力的培养，并不仅限于教学活动中的各方面内容，其最终的发展是可持续性的，没有终点。这就要求在体育教学中必须与时俱进，时刻留意，从每节课做起，师生共同参与、共同探究。

二、创新教育理念对体育教学的要求

在体育教学中运用创新教育理念,需要体育教学满足一定的条件,即体育教学要达到创新教育理念实施的相关要求,具体体现在体育教师和学生两个方面。

(一)创新教育理念对体育教师及教法的要求

创新教育理念对体育教师及其教学方面提出的要求主要有以下两个方面。

1. 对于创新的教育理念持坚信的态度

(1)坚信每个学生都有创新潜能的态度

尽管学生在主客观方面的条件和水平都不相同,但是,每个学生都有通过学习来成长的能力,因此,他们也都有成为某方面的创造性人才的可能性,后进生和优等生两者的差别也只是暂时的,随着教育的推进,学生的能力都会得到进一步的提高,因此,这就要求教师将如何培养、挖掘的问题作为关注的重点。

(2)对学生的创新素质有层次和类型的差别持坚信的态度

对于所有的学生来说,没有哪一种模式是能被教师拿来统一运用的,而是应该针对不同情况,遵循因材施教的原则,针对学生个体的不同情况给予弹性要求;要充分了解学生的兴趣和不同态度,并对其足够尊重,通过积极的引导,使学生将创新思维建立起来,通过积极的鼓励政策,来使学生将更多"稀奇古怪"的想法和"随心所欲"的动作表现出来;鼓励学生进行自主学习、对教师的教法进行质疑。

(3)坚信教育对学生的创新素质起决定作用的态度

学生的创新素质并不是其自打出生就带来的,而是经过后天不断的培养与引导才逐渐形成的,这一点已经经过多年的研究成果得到证明,毋庸置疑。

(4)坚信学生是创新教育的主体的态度

对于体育教学来说,教师首先要从自身出发,做好创新性的工作,掌握创新性的相关知识与培养技能,这样,才能更好地对学生进行良好的创新教育。具体可以采取针对自主学习、主动学习的积极的鼓励政策,从而将学生的潜力和能动性充分发挥出来,采用启发式引导、诱导学生积极思考,并使其不断地去发现问题和解决问题,学会大胆质疑,并积极反思。

2. 所实施的教学方法要具有创新性

教学方法是体育教学顺利实施和最终取得理想教学效果的重要手段,其也是不断发展创新的。创新性的教学方法是从某一个阶段相对而言的,目前的创新教学方法相较于之前的传统教学方法来说,既有相同的普遍特性,又有其自身的特殊性。这就要求体育教师要坚持系统的观点,以时代发展的需要为依据,以教育创新为理论基础,发展旨在培养学生创新素质的创新教育。

(1)发现教学法

在体育教学过程中,教师要将其主导作用充分发挥出来,积极指导学生学习。这时候,教师可以将一些事实和思路提供给学生,通过启发,使他们能够自主地进行积极思考,并且能独立进行探索;通过积极的鼓励,使他们自己去发现并掌握原理和规律。在体育教学中运用发现教学法之前,一定要做好选择和运用方面的工作,提供有效的资料和条件,提问、指导和耐心等待。

(2)问题教学法

问题教学法,就是针对体育教学中存在的问题或者未来可能会出现的问题来进行教学的方法。在运用这一教学法时,教师要针对学生在实践、学习中遇到的困难或提出的困难,帮助他们进行各种分析,与学生一起探寻解决的办法,并进行实验,寻求解决问题的最佳方法。

(3)开放式教学法

开放式教学方法,就是在教学中不拘泥于传统的教学模式,可以天马行空,肆意发挥自己的想象力,着眼不同结论的选择判断,将现有知识的动态性和能力结构的稳定性作为关注的重点。

(4)讨论教学法

在体育教学中运用讨论教学法时,要将学生分成小组,通过小组内部和小组之间的讨论,来达到交流的目的。实施讨论教学法所采用的分组的形式可以根据实际情况随意来定,最好6~8人一组,教师充当主持人、关键时候的引导人,每人都有发言机会,也可以提出对他人不同意见的看法。组内成员相互启发,学习过程受每个学生行为的影响,是讨论教学法最独特之处。这种教学方法用于那些较大的教学目标都是较为适合的。

(二)创新教育理念对学生及学习方式的要求

创新教育理念对学生及其学习方法方面的要求主要有以下两个方面。

1. 树立正确的创新价值观

第一,要从客观上来认识创新,不要被思维限制了对创新的理解,其实,创新包含的内容是非常丰富的,比如,新技术动作的练习方式、新的解决问题的方法也都属于创新的范畴。

第二,人们对创新的理解通常为,只有伟大的人能进行创新,普通人与创新没有关系。这就将面对创新时的自卑感体现了出来,这种观点是错误的,要消除掉,因为人人都能创新。

第三,善于发现身边创新的典型事例,并且以此为突破口,来对自己的创新意识进行有效激发。学会分析具有创新能力的学生的思维和行动,善于模仿并使其转化为创新的行为。

2. 掌握适合的学习方法,改变传统的学习方式

对于学生来说,学习并不仅仅是对知识的学习,更重要的是对方法的学习,学会如何学习以及如何运用合适的方法进行学习,其意义要远大于对知识的学习与掌握,这也是未来孩子学习的重点。在创新教育过程中,教师所扮演的角色不仅仅是一个"传

授者"，更重要的是"引导者""启发者"，学生也从之前单一的"接受者"而逐渐变成了"辨别者""筛选者""思考者"。学生在创新教育过程中，要将精力集中在掌握学习方法、学习方式上，同时，也不能对教师的传授内容与方法无条件地接受，要学会对此发出质疑之声。另外，学生还要对学习过程中自身所出现的一些不足和缺点加以总结，在这一过程中，积极思考和探究，在与教师交流方面发挥出自身的主动性，与同伴进行积极有效的交流，并分享自己的"新想法""新发明"。

在学习方式上，也要不断创新并加以强化，针对遇到的问题，多请教老师，开启智慧的大门，实施积极的思考和行动，并允许自己"犯错误"或"走弯路"，进行创新思维、求异思维，做一个提高学习能力、掌握学习方法、具有创造意识的创新型学生。

三、创新教育理念下的体育教学方法创新

受创新教育理念的影响，体育教学过程中所用到的教学方法也要有所创新，具体要满足相应的一些要求。除此之外，还要对一些常用的创新体育教学方法加以了解。

（一）体育教学方法创新的有效措施

在创新体育教学方法方面，可以采取的有效措施主要有以下几个方面。

1. *以整体的教学要素为着眼点，对体育教学方法进行合理的编排*

教师对学生学习的引导，并不是凭空就能实现的，而是需要借助一系列的教学方法才能完成的。由此可见，方法是教学活动的一个必备要素，教师在课内和课外所使用的各种教学方法、教学艺术、教学手段和各种教学组织形式都属于教学方法的范畴。

体育教学方法往往会因为课程内容的不同而有所差别，通过

学生达到教学目的或教学效果。方法是教师和学生两者之间的重要沟通媒介。

体育教学方法与效果的关系图,如图4-2所示。

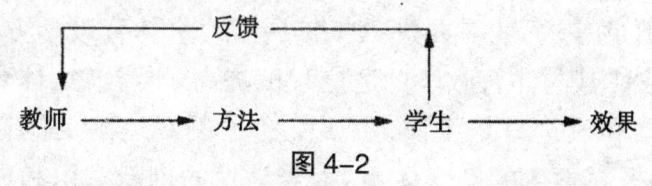

```
            ┌──────反馈──────┐
            ↓                │
教师 ──→ 方法 ──→ 学生 ──→ 效果
```

图 4-2

学生能够有效反映出对教学效果的评价,也就是说,只有针对学生使用相应的教学方法,才能产生相应的教学效果。连接方法两端的主体还是教师和学生。教学效果的好坏受到很多因素的影响,除了教师方面的原因,学生自身的原因也至关重要,比如,学生的内化、吸收、创新。

教学方法的编排能够将教师和学生很好地连接起来,同样的,教学方法的选择和运用也受到这两个方面因素的影响,具体来说,教师自身在教学方面表现出的素质,各方面的教育与教学专项水平,在教学上所表现出的艺术性,还有非常重要的教学创新意识等,都会或多或少影响到体育教学方法的编排;除此之外,学生的很多方面也会对此产生影响,比如,学生先天的身体素质,以及后天不断努力锻炼所取得的成效,在训练过程中能够承受的范围和未来上升空间,在学习和掌握运动技能方面所探索出的相关规律等。所以,这就要求教师不仅要大力提升自身的综合素养和能力,还要抽出一定的精力,来帮助学生也全面提升其整体素质和水平,只有两者都进步,并且通力合作,才能达到"教学相长"的目的,才能对包含教学方法的创新在内的整体体育教学创新产生积极的影响,最终的体育教学效果也会得到进一步的优化和改善。

2. 着手于实际情况,对体育教学方法进行一定的扩展、改进

由于体育教学包含的教学内容多种多样且种类繁多,这就要求针对不同的教学内容采取相应的教学方法。另外,在选择和运用体育教学方法时,还要对场地的充裕程度、器材的配备、实施体

育课的条件等因素加以考量。

由于学校所处的区域、经济水平等方面存在着较大差异,这就导致体育教学的需求并不是所有的学校都能够满足。如果条件无法满足需求,就需要进一步扩展和改进体育教学方法,尽可能想办法使其与体育教学的适应程度提高。要注意,体育教学方法的扩展和改进只是手段,主要是为了更好地满足体育课的需要,切实提高学生的健康体质,培养学生的创新意识和锻炼创新能力。

对体育教学方法进行扩展,实际上就是对教学方法的功能和应用范围进行进一步的扩展,通过对体育教学的组织形式方面进行分析,能够将这一方面体现出来。以教学分组为例,以前都是按人数进行分组,但经过改革之后,越来越多的体育教师对教学组织多种多样的形式有了进一步的了解和认识,教学方法的扩展便产生了。

对体育教学方法的改进,实际上就是在原有方法运用的基础上,将其中的一些不合理之处摘出来,而加入一些新的东西,使其变成一种新型的教学方法。改进法其实在教学实践中经常用,如对组织形式的加工、对教学手段或工具的改良等。

3. 以教学效果为出发点,对体育教学方法进行优选、组合

一些教学活动的实施都是为了取得理想的教学效果,因此,在选择和运用体育教学方法时,也要遵循这一原则进行。以教学效果为出发点,合理选择、优化组合体育教学方法,利用系统论的理念将"教"与"学"看成"动态系统",将目标方法及效果融于教学环境之中。为达到这一目的,需要满足的条件是多方面的,比如,体育教学方法在实施过程中要对相关的因素加以考量,不能将其独立出来;还要强调学习的内在过程,创造好的教学环境,以此来将学生的主观能动性充分调动起来。体育教学方法并不是必须要单独使用的,通常可将两种或者几种教学方法综合起来加以运用,这样,几种教学方法所产生的"合力"效果和功效都是

成倍增加的。尤其是在教学方法设计时更要全盘考虑,拓宽视野,把握全局,真正做到教学方法"一体化"的效果。

对体育教学方法进行优化组合,对于既定的体育教学目标的实现有积极的推动作用,各个方法的功效叠加起来所发挥的功效比整体功效要大得多。体育教学的组合,本身就是一种创新的形式,即将不同的教学方法根据教学需要组合到一起来运用,比如,把讲解法和示范法结合起来,边讲解边示范,还可加上用讲解法进行启发;把分解法和完整法进行混合使用。

4. 以学生未来发展作为考量的对象,要对体育教学方法进行统整、筛选

学生是体育教学的主体,因此,学生未来发展是体育教学实施需要首要考虑的重要因素。体育这一学科本身就存在着一定的特殊性,再加上运动项目繁多,会在很大程度上影响到学生,这种影响体现在学生的躯体和心理的健康方面,以及人生观、价值观的形成方面。体育教学方法有着多种多样的形式,单单从其对学生未来发展的促进角度上来说,要对体育教学方法进行统整、筛选,尤其对一些多种手段组合的教学法更要筛选和统整。

从某种意义上来说,教学方法是实现目标的途径,就算针对的目标是单一的,但是,要实现这一目标,可以采用的方法和途径却是千差万别、多种多样的,而要想采用效率最高、效果最好的方法,就需要对这些众多的途径进行筛选。

(二)常用的几种创新体育教学法

在体育教学过程中,常用到的创新体育教学法主要有以下几种,下面进行大致阐述。

1. "成功"教学法

"成功"教学法,就是体育教师将要教授的知识以及技术工作进一步精简,形成精华部分,同时,在对学生的要求上有所降低,通过这种方式来将学生以顽强的意志坚持把动作做好的精神有

效激发出来,并遵循因材施教的原则,让学生在完成动作的同时体验"成功"的乐趣和快乐,使其在学习中有很强的自尊心、自信心。

在体育教学过程中,都会或多或少地存在一些学生对体育不感兴趣,再加上其自身在动作的完成度上表现得不如别的同学,这就会导致他们从内心就排斥或不情愿参与;反之,有了坚持的意志和积极参与的态度,对技术动作的认识和探索就会自然而然的加强。

在体育教学过程中运用这一教学法,就要求体育教师为学生创造"成功"的机会,使其体验成功的快乐,促使其追求成功的愿望,最终使学生主动积极地自学自练的目的得以实现。但是要强调的一点是,该法切忌使用过度,因为处处都是成功不但起不到激发学生练习的信心,而且还会让学生"飘飘然"。

2. "娱乐"教学法

体育教学活动的开展对学生体质会起到积极的提升作用,这是毋庸置疑的。但实际上,仍然存在着很多学生对体育或体育课总是兴趣不高或者根本没有兴趣的情况,更别说积极主动地去练习了。导致这一情况发生的主要原因在于,学生觉得体育课太枯燥乏味、没意思,根本提不起兴趣。他们心中的体育课应该是丰富多彩的、娱乐身心的一种方式,而不是在文化课本来就很紧张的情况下再去上什么"没意思"的体育课。可见,"娱乐"的元素在体育教学中是非常重要的。具有"娱乐"元素的体育教学法,能够将学生对体育课的兴趣和爱好激发出来,从教学方法上激发学生参与练习的积极性,使"被动体育"逐渐转变为"主动体育"。

对于体育教师来说,"娱乐"教学法的设计和编排离不开他们的参与和努力,具体来说,需要他们捕捉技术动作的"娱乐"成分和因素,同时还要将各种工具和手段充分利用起来,以此来将学生参与的主动性尽可能地调动起来。但是要注意,娱乐并不是体育教学的全部,它只是体育教学特性中的一个方面,这就要求当在体育教学过程中应用这一教学法时,要注意避免只注重娱乐,而忽视了体质锻炼和技能学习,切忌本末倒置的现象发生。

3."口诀"教学法

这种教学方法,就是通过朗朗上口的口诀,将要学习的技术要领归纳总结出精华,便于学生记忆和理解。这一方法在很多体育运动教学中是常见的,尤其是在田径、球类、传统体育等类型的体育教学内容中有着广泛应用,且效果显著。

典型"口诀"教学法举例表,见表4-2。

表4-2 典型"口诀"教学法举例表

项目	口诀	应用者
①短跑	枪一响用力蹬,低摆快落向前冲;上体逐渐抬,步幅逐渐增;速度逐渐快,爆发用力蹬;平稳快速进途中	河南师大附中 刘恒
②铅球	左腿支撑,右腿蹬;转髋起体把肩顶,仰头挺胸把臂伸;屈腕拨指把球推,上步来缓冲	武汉市第四中学 商文桥
③跨栏	折叠前摆膝高抬,前移摆腿体前倾;蹬离地面把栏攻;边收、边拉、边外展,膝高于踝勾脚尖;下压快似箭,鞭打着地跑向前	郑州市第一中学 辛斌
④手倒立	撑地抬头顶肩,蹬摆并腿向天,上体臀腿一线,切勿塌腰出肩	北京市育英中学 刘红岩
⑤跳远	助跑快速平、直、松;加快步频把点攻;滚动把脚放,屈膝来缓冲;蹬、摆、挺、拔、顶,跨步进空中	河南封丘县一中 王玉民
⑥标枪	一大、二小、三交叉,四步左腿把身顶;臂外旋,肘上翻,挺胸挺腰拉满弓;鞭打出手把枪掷,上步来缓冲	广州市第三中学 杜建

4.移植教学法

移植教学法,实际上就是将其他领域中的原理、思想、经验和方法等,根据体育教学的实际情况,有甄别和筛选地应用于体育教学方法中,使体育教学方法在吸取了新的元素后,能变成一种新的体育教学方法。

体育作为一门学科本身具有一定的特殊性,大量的教学方法都是从其他学科中借鉴而来的,练习方法则是从训练学领域引申而来的,这些学科内的教学方法在合适的教学步骤、练习阶段内都可以移植过来,丰富开展体育课教学。体育教师在将移植教学法运用于体育教学中时,要视野开阔、酌情使用,做到"举一反三""异中求同"。某种意义上来说,体育教师只有具备了丰富的知识面、创新的思维方式、教学经验的总结与反思这些必要条件,才能对移植教学法加以应用,为求新而进行胡编乱造、瞎胡乱用的现象要严厉杜绝。

5. 难度增减教学法

难度增减教学法,顾名思义,就是加大或减小难度的教学法,具体来说,是指在不改变运动技术动作的结构和性质的基础上,对教学内容的难度进行增减调整的一种教学方法。体育教学过程中经常会使用这种教学法。一般都是先易后难,而在一些训练课上,往往是增加难度的做法。难度增减法在体育教学过程中有着非常重要的作用,一方面,其对于教学进度的顺利进行有所帮助,另一方面,其还能起到有效消除学生的恐惧感、增加信心、提高抗干扰能力的重要作用。在现实体育教学中,难度增减法无时无刻都在使用,要达到理想的运用效果,需要体育教师做到适时适量、找准时机、把握次数、调控难度,如此便较容易产生事半功倍的效果。

6. 逆向思维教学法

逆向思维,简言之,就是与我们平时所习惯的思维方式相反,也可以理解为倒推法。通常,人们的思维方式已经形成了正向思维的习惯,这在体育教学中也是如此,但是对于体育教学中的一些技术动作来说,这种思维方式所悟得的效果并不显著,而按照反向程序进行反而会取得更好的效果。如掷标枪、跳远等,这些教学程序的反顺序也需要教学方法的反向进行。

7. 情景教学法

情景教学法,就是通过特定情景的设置来进行教学,具体来说,就是指在学习动作前,先用语言或场景把学生带入一定情景,让学生设身处地强化练习的一种方法。情景教学法的实施需要借助的手段主要有:以生活展现情景,以实物演示情景,以录像、画片再现情景,以音乐、语言渲染情景,以展示、表演、示范体会情景等。在体育教学过程中创设情景,需要体育教师做好充分的准备工作,以此来启发、激励学生身临其境的练习需要更高教学艺术。这种方法的主要作用是将学生练习的积极性激发出来,同时,也使教师创设情景、组织教学方法的能力得到有效提升。情景教学法对于年纪较小的学生所起到的作用更加显著,能够激起孩子的无限遐想,使其感受到自己就是主人公,练习起来自然卖力。

第三节 体育教学中创新教育功能的实现路径

体育教学,实际上就是"教育性教学"的形式之一,通过分析,可以将其内涵归纳为任何教学过程都必须具有教育性,换言之,教学既要传授知识技能,又要实施品德教育和人格培养。对于体育教学的创新教育功能来说,其要顺利实现,则需要借助以下几种路径来进行。

一、有效整合体育教学中的人文教育和知识教育

当前,我国学生体质逐年下降已经成为普遍存在的问题,学校要针对这一问题提出切实有效的解决措施。在这样的情况下,凸显增强体质这一目标没有错,这与我国国情和学生身体现状的正确举措也是相符的。但是,这样做也反映出了一个重要问题,即教育是使人社会化的一种活动。之所以要实行教育,是为了对人的社会化起到促进作用,而体质问题的解决,并不是表面的问题,是需要经过深入的剖析和研究才能实现的。要解决当前学校体育的种种问题,文化本位思想的回归是一种必然的选择。

(一)体育教学中的人文教育

从文化学角度来讲,体育本身就是社会大文化的一部分,其包括的文化因素有很多,语言和符号、规则和制度、知识和技术、行为和价值、体育观念和体育精神等都属于这一范畴。

从育人的角度来看,体育教育与人文教育两者是互为一体的。一方面,不管是人文精神,还是体育精神,都非常依赖于人的能动性和创造性,两者都有内在的同一性。体育精神求真、求实,人文精神求善、求美,将两者结合起来,实际上就是真、善、美的统一。另一方面,体育与人文都非常重视思维方式与能力。一个是强调形象思维,另一个是强调逻辑思维。

(二)体育教学中的知识教育

知识是体育教学进行最基本的内容,传授知识给学生也是体育教学的一个重要目的,因此,知识教育的重要性不言而喻。为了使教学对学生进行充分的知识训练和品格培养的功能得到很好的实现,设立内容广泛的课程成为必然。体育美学是某种意义上的"教育性教学"中能够提高学生理性思考能力的一个主要内容。

综上所述,将体育教学中的人文教育与知识教育有效地整合起来,所产生的教育功能是非常理想的,能有效促进体育教学的进一步发展和完善。

二、将体育教学中隐性因素的潜移默化作用充分发挥出来

体育教学中,教师对学生的"教",并不单单指课堂上的言传,还有其他一些隐性因素也在发挥着潜移默化的教育功能,主要的有以下两个方面。

第四章 现代体育教学教育功能实现与应用创新

（一）"身"教

学生在学习过程中,会用到眼睛、耳朵、大脑,在将所得到的信息整合之后,就会形成一定的动作和行为。学生的学习潜能往往蕴藏在无意识的内隐心理活动过程当中。自发的创造活动,即灵感的产生豁然开朗的境界正是源于大量的无意识活动,源于头脑中存储的长期经验和经历。

对于体育教师来说,要从自身出发来对学生进行教学,首先要求其具备"教"的素质和能力。首当其冲的是,要具备对美的理解和欣赏的能力,要善于将体育教材、练习项目中蕴含的丰富的审美因素充分挖掘出来,并且将这些美的因素应用于体育教学中,这样,在教师创造美的教学语言、教学行为、教学环境的同时,也能让学生从中体验到自然美、时代美、艺术美、心灵美、运动美。

（二）"风"教

这里所说的"风",即为学风、教风、校风,是师生共同享有的价值观念、道德规范、行为准则、校园舆论。体育方面的"风气"称为校园体育文化,是体育教学过程中能够产生潜移默化作用的重要隐性因素,其以自己独特的育人方式在学校人才培养过程中发挥重要作用。

体育教学要将培养学生的兴趣和参与体育的积极性作为关注的重点,让学生将体育运动作为他们生活中的一部分,通过多种形式,对学生各个方面的健康发展产生潜移默化的影响,同时,也将这一作用作为体育教学理想教学效果取得的重要途径。

三、有效落实体育教学中"教""管"结合的育人思想

（一）体育教学中"教"的育人思想

在体育教学中,教与学两者是相辅相成、不可或缺的两个方

面,其中,处于基础地位的是教、处于根本地位的是学。

教学,要求"教"和"学"这两个方面必须是双向互动的,"教"是"学"的前提,"学"是"教"的实践落实,"学"要由"教"来引导,"教"得由"学"来实现。因此,这就要求教师将之前对"教法"的高度重视逐渐转移到对"学法"的重视轨道上来,在肯定学生的主体地位的同时,要对这一观点进行有效实施。

在体育教学过程中,要将教与学的基本功能最优化地发挥出来,既要把学生的主体性作为实施体育教学的基本点,又要使"体育教师为主导"成为实现"学生为主体"的根本保障。

总体来说,只有正确认识教师的主导性,才能更好地发挥学生的主体性,因此,需要对教师的教和管进行重点强调,这一点是毋庸置疑的。

(二)体育教学中"管"的育人思想

体育教学本身就具有重要意义,一方面,是明确规则,严格纪律,教导学生有所为,有所不为;另一方面,是明确何时为,何时不为,使体育教学高效有序的完成得到保证,使学生在有限的课堂时间里尽情地释放自我,收获尽可能多的知识和力量,从而达到"高峰体验"。

第四节 素质教育在体育教学中的功能体现

一、素质教育的基本理论

(一)素质教育的含义

素质教育的含义有广义和狭义之分。从广义上看,所有的教育都是素质教育,原因在于,不管是什么形式的教育,其都能起到提高受教育者某些方面素质的作用。我们平时所说的素质教育,通常指的是狭义上的素质教育,具体来说,就是针对"应试教育"中"重知识、重分数、轻能力"的弊端而提出的一种教育理念和教育模式。它是一种重潜能开发、心理品质培养和社会文化素养训练相结合的整体性教育,与全面素质教育是等同的关系,寻求一种更科学的教育途径以实现人的素质全面发展是其主要目的所在。

关于素质教育的含义,原国家教委在《关于当前积极推进各级各类学校实施素质教育的若干意见》中作了明确解释:"素质教育是以提高民族素质为宗旨的教育。它是依据《教育法》规定的国家教育方针,着眼于受教育者及社会长远发展的要求,以面向全体学生、全面提高学生的基本素质为根本宗旨,以注重培养受教育者的态度、能力,促进他们在德、智、体等方面生动、活泼、主动地发展为基本特征的教育。"[1]

从素质教育的含义来看,素质教育包括的内容主要有三个方面:首先,素质教育是以提高整个民族素质为根本宗旨的教育;其次,素质教育以面向全体学生,培养学生创新精神和创新能力为重点;最后,素质教育注重学生德、智、体、美等全面、充分、和谐发展和健康成长。

(二)素质教育的目标

素质教育的目标,有宏观和微观之分,微观目标也就是所谓的基本目标,具体如下。

1. 素质教育的宏观目标

素质教育的宏观目标,主要包括两个方面,即期望目标和终极目标,具体如下。

(1)素质教育的期望目标:把学生培养成现代社会所需要的人

对于素质教育来说,把学生培养成现代社会所需要的人是其重要的着眼点。这一期望目标的中心是学生,具体来说,就是以

---

[1] 张丽蓉,刘洪伟,王永祥.体育教学的价值回归探索[M].北京:中国纺织出版社,2017.

"人本"为中心。把学生培养成一个"现代人"。"人"的现代化,内涵丰富,然而最根本的是提高人的素质。人的素质形成与很多因素都有关系,比如主要的先天遗传、环境影响、教育训练和自身努力等方面,而教育训练是关键因素,是主要矛盾,是矛盾的主要方面。因此,教育训练对人的素质形成起到的作用是非常重要的。

(2)素质教育的终极目标:教学生"学会学习"

教学生"学会学习"是素质教育的核心所在。教育要以教会学生学习为中心,要让学生"学会生存,学会关心,学会学习,学会创造",从而与现代社会发展的需要相适应。

2. 素质教育的基本目标

通常来说,对素质教育的基本素质的划分,以分为六个方面较为妥当,即思想政治素质、道德素质、科学文化素质、身心素质、审美素质、创新素质。因此,在确定素质教育的基本目标时,要以此为依据来进行。

(1)思想政治素质教育目标

第一,"建设社会主义核心价值体系",把社会主义核心价值体系融入思想政治素质教育的全过程,转化为各级各类学校学生的自觉追求。

第二,培养学生具备较高的政治素质,使之形成社会主义的政治立场、观点,坚持马克思主义指导思想,树立共产主义理想、信念,确立中国特色社会主义共同理想,弘扬以爱国主义为核心的民族精神和以改革创新为核心的时代精神。

第三,树立社会主义荣辱观,热爱祖国和中国共产党;培养学生具有较高的思想素质,初步形成辩证唯物主义和历史唯物主义的思想观点,掌握正确的思想方法,初步确立正确的世界观、人生观、价值观。

(2)道德素质教育目标

第一,培养学生具有社会主义的道德情操和遵守道德行为规范,遵守公民基本道德规范,遵守社会公德、职业道德、家庭美德。

第二,具有民族自尊心、自信心、自豪感,养成艰苦奋斗、勤俭节约的美德。

第三,具有较强的社会责任感和义务感,养成忠诚老实、谦虚谨慎的好品德。

(3)科学文化素质教育目标

第一,通过向学生传播各种科学文化知识,使学生形成良好的知识结构,并在此基础上发展他们的认识兴趣和能力,传授和训练学生的基本技能,使之掌握社会生产和生活及自身发展必须具备的技能素质。

第二,培养学生良好的学习习惯,使之掌握正确的学习方法。

(4)身心素质教育目标

生理素质教育目标:

第一,通过教育,使学生掌握有关人体的生理解剖知识。

第二,懂得生理卫生保健知识和健身的基本知识、技能。

第三,养成良好的锻炼身体的习惯和卫生习惯。

第四,促进学生生理器官机能水平的提高,增强体质和提高抵抗疾病的能力。

心理素质教育目标:

第一,开发人的潜能,使人获得正常的智力。

第二,培养愉快的情绪,使人乐观向上、积极进取,对生活充满信心,并具有一定的情绪调控能力。

第三,形成坚强的意志,使人能主动、自觉地迎接挑战,具有果断、坚韧、勇敢的品质。

第四,养成协调的行为习惯,使个体心理行为符合环境需要和自己的身份,与社会环境和他人关系保持和谐。

第五,形成良好的个性心理品质,做到自知、自尊、自信、自立、自律、自强。

(5)审美素质教育目标

第一,向学生传授有关自然美、艺术美和社会美的基本知识。

第二,培养学生正确的审美观、健康的审美情趣。

第三,训练学生具有初步的感受美、欣赏美、表现美的能力。

(6)创新素质教育目标

通过向学生进行创新素质教育,使学生在全面发展的基础上,因势利导,因材施教,将各自的个性特长充分发挥出来,树立创新意识,确立创新心理品质,提高创新能力,形成创新知识结构。

(三)素质教育的特征

素质教育的特征实际是素质教育本身所具备的特性。对素质教育的特征的分析,对于进一步明确素质教育概念,确定对学生实施素质教育的途径,选择实施素质教育的有效方法,都是非常有利的。素质教育的基本特征可大致归纳为以下六个方面。

1. 主体性特征

素质教育的主体性,实际上就是尊重和发展学生的主体意识和主动精神,培养和形成学生的健全个性的强调。在很长的一段时间内,我们的教师已经形成了"我讲你听"的习惯,而忽视了学生主体作用的发挥。素质教育作为一种新的教育形式,注重人的主体性的充分发挥,以学生为主体,强调教育要尊重和发展学生的主体意识和主动精神,使他们积极地接受教育。这样,外部因素就会转化为学生主体的内部因素,并且将教师的主导作用充分表现了出来。

根据素质教育的主体性特征,实施素质教育时,一定要首先树立一个这样的观点:学生是素质的承担者、体现者,离开学生主体性来谈素质教育,抹杀学生的主体性来实施素质教育,这样的行为都是不被允许的。这就要求我们在体育教学中实施素质教育时,要尊重学生的主体地位,发挥学生的主体作用,调动学生主体的积极性,让学生在主动学习中得到发展。

2. 全面性特征

《关于深化教育改革全面推进素质教育的决定》指出:"全面推进素质教育,要坚持面向全体学生,为学生的全面发展创造相应的条件。"素质教育要坚持"两全"方针,就是以全体学生为受众,使学生得到全面发展。

提高国民素质是素质教育的根本宗旨,促进每个人的发展与体质增强是主要目的所在。素质教育的全面性集中体现在两个方面:一方面,是发展所有学生的素质,对每名学生负责,为每名学生的素质发展创造必要的和基本的条件;另一方面,是发展每名学生各个方面的素质,所涉及的内容主要有德、智、体、美等方面,身体、心理、技能、知识、品德、情操等都是人发展目标的组成部分,只有各方面素质都得到全面发展的人,才算是完整的人。最后需要强调的是,素质教育强调的全面发展与平均发展或同步发展之间并不是等同的关系。

充分了解并认识素质教育的全面性特征的社会意义是非常显著的。如此一来,对于提高我国人民的文化素养,推进国家经济建设和民主建设,以及在贯彻社会主义的"机会均等"原则的基础上,为每名学生的持续发展提供最公平的前提条件,都是有显著作用的。除此之外,这对于我们理解全面发展与因材施教的辩证统一关系也是非常有利的。

3. 基础性特征

基础性的教育不是直接出人才而是为未来人才的成长奠定基础的教育。如同素质教育的主体性一样,素质教育的基础性也是素质教育各种特性中尤为重要的特性。为了深入了解素质教育的基础性特征,可以从两个方面入手来对其进行剖析:一方面,学生的素质是做人的基础,学生上学校读书的主要目的就是学习做人,它包括做什么样的人和怎样做人。21世纪的教育对学生有着较高的要求,具体表现为有知识、有本领、会做事,更要学会做人。但是,就是学生学习的这一"基本功",长期以来,一直为我国教育界所忽视,在这样的境况下,素质教育的落脚点就要落实到如何教会学生做人这一基础性的工作上来。另一方面,个人的素质是整个民族素质的基础,只有每个人的素质都提升了,整个民族素质才会有所提升。素质是人的一种基础的、基本的品质，基础教育则是提高民族素质的奠基工程。因此，必须保证素质教育的广泛开展，让每个人都成为素质教育针对的对象和受益者，使他们的素质都得到普遍的培养和提升，以此为基础提高全民族素质水平。

4. 差异性特征

对于素质教育来说，不仅要承认其全面性，还要承认其差异性，这两者是相辅相成的，具有相对性关系。这主要是由受教育者之间的个体差异性所决定的。这种差异性在受教育者先天的遗传、自我身心发展与智能发展的后天条件等方面都有所体现，因而其逐渐形成的自我意识水平与兴趣爱好、个性特长存在差别。每个人的发展方向、发展速度乃至于最终能达到的发展水平都是不同的。需要强调的是，对个体差异性特征的强调，并不是否定个体的共性；应承认人的差异性，不轻易地以简单划一的标准区分优劣，而是要鼓励人才的多层次发展。

5. 终身性特征

将素质教育从基础教育阶段扩大到各级各类教育，这就赋予素质教育以终身的性质。对此，可以进行纵横立体性的剖析。纵向来说，素质教育能够将教育的连续性和一贯性特征体现出来。强调学生的经验和学校学习的结合，学校中和学校后实践活动的结合，强调各级教育在组织和内容上的一体化。从横向来看，素质教育能够将家庭、学校、社会的一体化体现出来，同时，也将教育与生产、生活的密切结合体现了出来。

素质教育的终身特征意味着作为终身教育体系基础的学校教育，特别是中小学教育，要在传授知识的同时，为每名学生的终身发展奠定基础，让学生乐于并善于终身学习是首要任务。

6. 创新性特征

学生是社会未来发展的中坚力量，因此，以学生为主体的素质教育,要求学生的教育过程中必须具有强烈的开拓创新精神,这种开拓创新精神不是靠死记硬背的教学方式培养出来的,而是靠灵活多样的创新性教育活动培养出来的。

二、实施素质教育的意义

由于受到根深蒂固的传统文化负面因素的影响及一系列现实原因的存在,我国目前的教育观念、教育内容和教育模式等相较于我国经济和社会发展的需要以及人的全面发展的需要都是存在着一定的滞后性的。鉴于此,就需要全面实施素质教育,通过新的教育形式来改善我国人多才少、国民素质偏低的客观现实。

(一)素质教育是提高民族整体素质和民族创新能力的必然要求

对于一个民族、一个国家来说,民族素质是反映人民基本品质的重要衡量标准,一般可以将民族素质分为思想和文化两个方面,即思想道德素质和科学文化素质。民族创新能力则是民族素质的集中体现。

青少年作为社会发展的重要后备人才,必须要树立社会主义核心价值观,并建立相应的体系,这就需要通过教育活动的开展来实现,从而使共同的理想信念和道德规范得以形成,同时,素质教育的实施,对于培育文明风尚,增强民族凝聚力,打牢全党全国各族人民团结奋斗的思想道德基础,以及社会和谐发展都有着显著意义。

教育事业的广泛开展,对于人的全面发展更具有不可磨灭的重要意义,这些方面在教育事业中也可以进行进一步的细分,即为德育、智育、体育、美育,坚持文化知识学习和思想品德修养的统一、理论学习和社会实践的统一、全面发展和个性发展的统一,对人的全面发展起到促进作用。

（二）素质教育是建立我国"人才高地"的必然要求

我国人力资源总量虽然很大，但人才资源所占比例却极小，这与发达国家相比，差距是非常大的。相较于发达国家，我国发展的滞后主要体现在高、精、尖科技水平上，特别是那些关系国民经济命脉和国家安全的关键技术，技术的落后也形成了对相关人才发展的制约，而从根本上深究，原因主要在于我国一流创新能力的人才较为欠缺。

创新人才的培养，需要借助教育这一重要方法和途径。然而，我国之前的传统教育方式，对于学生的创新意识和能力的培养是忽视的，这就拉大了我国在创新方面与其他强国之间的差距，在这样的情境下，素质教育的实施就成为一种必然，能够起到大力培养学生的创新精神和实践能力的效果。

（三）素质教育是提高我国教育国际竞争力的客观需要

当前，国际综合国力的对比标准主要从科技实力或民族创新能力上得以体现，而进一步剖析，可以将实质归纳为人才和国民素质的竞争。科技、人才和国民素质竞争的决定性因素中，处于关键位置的是教育。也就是说，教育水平如何，在很大程度上决定着国民素质的高低和人才水平的高低，也就进一步决定了综合国力的强弱。

尽管教育不能直接提升生产力，但是，生产力的发展是不能离开教育这一重要支柱的。这就是为什么许多国家为了抢占科技和经济发展的制高点，不遗余力地发展教育事业，努力提高劳动者的科学文化水平，致力于各级各类教育的改革和人才的培养。对于我国来说，教育质量也是重点关注的方面，在我国现阶段，很有必要进行一定的教育创新，全面实施素质教育。

（四）素质教育是促进人的全面发展的客观需要

处于社会发展的环境中，人的发展受到社会发展的影响，同样的,社会的发展也取决于人的发展状况,毕竟,人是社会的主体。由此可见,人的全面发展与社会的发展之间关系密切,两者辩证统一。

我国长期以来的教育观念、教育内容与教育模式等已严重滞后于人的全面发展的需要。因此,进行教育创新,全面实施素质教育已经成为一种必然,唯有如此,才能切实转变教育观念和人才观念,并与青少年身心全面发展的需要相适应。

三、体育教学中素质教育功能实现的路径

在体育教学中实现素质教育的功能,不仅要遵循"转变教育思想,更新教育观念是先导,体制改革是关键,教学改革是核心"的总思路,还要采取科学合理的实现路径,具体如下。

（一）转变教育观念和教学意识,优化人才培养体系

教育教学的改革,首先要确定其以正确的教育思想和教育观念为指导。面对改革开放以来国内外政治、经济、科技、教育发展的新形势给高等教育带来的巨大影响和严峻挑战,早在三十多年前,"转变教育思想,更新教育观念"这一主题就已经被提出并讨论了,由此,也逐步形成一些共识,这就是在新形势下教育要转变"十种观念",树立"六种意识",搞好"三个结合"。

1. 转变陈旧过时的教育观念

我国的许多教育观念是非常落后的,这与很多因素有关,这样导致的后果主要为,很难与知识经济的发展相适应,因此,就必须转变陈旧过时的教育观念,树立全新的教育观念。具体可以从以下几方面着手进行。

（1）转变培养目标：由之前对"专才"的培养,逐渐转变到"注重通才、通专结合"上来,当今社会对复合型人才的需求已经成为大趋势,培养目标的转变与社会发展需要是相适应的。

（2）转变教育方式：由之前的封闭式办学，逐渐转变为开放式办学，通过这一转变，能使教育的范围得到进一步拓展，不仅仅局限于学校内部，还逐渐走出校门，走向社会，甚至走向国际。

（3）转变教学观：由之前单一的知识传授，逐渐转变为对学生学会学习的教学观的重点培养，当前教师在体育教学中的身份已不再是单一的知识传授者了，更重要的是教书育人、为人师表，将授业与传道结合起来，同时进行。

（4）转变学习观：由传统教学中教师为主体，逐渐转变为新型的学习观，即"教师处于主导地位，学生处于主体地位"，将学生独立学习能力、创新能力和实践能力的培养作为关注的重点。

（5）转变人才质量观：这一点是针对学校来说的，就是要求对人才的培养，由之前的知识灌输型教育，逐渐向素质教育转变，只有良好的知识储备并不能称为真正意义上的人才，还要具备良好的素质与专业能力。

（6）转变教育发展观：学校之前的单纯追求发展速度、扩大招生规模的规模速度型的做法，已经无法适应现代社会教育的需求了，因此，应该将其逐渐转变为规模、质量、结构、效益协调发展，走内涵发展为主的道路，同时，还要将关注的重点放在教育质量和办学效益上。

（7）转变教学方法：教学要从知识教育为主转变为方法教育为主。

（8）转变教育形式：教学应转变为以课堂教学为主的新教育形式，学科课程与活动课程、显性课程与隐性课程相结合，学校与社会相联系。

（9）转变教育评价观：评价体系的重心转变为创新能力。

（10）转变学校管理观：要将僵化保守的管理手段转变为积极创造健康有序、宽松和谐、开放高效、激励上进的、有利于新型人才脱颖而出的管理机制和育人环境。

2. 树立新的教育教学意识

（1）新的质量意识的树立。教学质量是学校的生命线。在学校里,培养人才是根本任务,教学工作是主旋律,提高质量是永恒的主题。新的质量意识应该是注重德才兼备、全面发展的合格人才。

(2)新的效益意识的树立。学校不仅要重视社会效益,还要对办学效益加以重视,从而最大化利用教育资源,进一步提高办学质量。

(3)新的适应意识的树立。主要是指教育要与我国经济建设发展相适应。

(4)新的创新意识的树立。新的创新意识,就是要求人才要有更强的逻辑思维能力和创新能力。

(5)新的综合意识的树立。新的综合意识包含的内容主要有综合培养方案;综合教育内容;综合教育方式;综合教育过程。

3. 构建新的人才培养模式

学校新的人才培养模式的构建,可以归纳为"三个结合",即知识传授与能力培养相结合、专业培养与全面素质教育相结合、科学精神培养与人文精神培养相结合,由此来使学生得到的培养与锻炼具有全面性特点。

(二)深化教学改革,优化课程体系

在素质教育的实施过程中,处于核心地位的是教学改革。通常情况下,可以将课堂教学的构成要素分为:教学目的与任务、教学内容、教学方法与手段、学生学习活动组织形式和教学效果。运行正常的课堂教学,主要是指这五个要素达到最佳质量状态并相互形成系统的课堂教学。其中,教学目的和任务起导向作用,教学方法和学生学习活动组织形式是最活跃的要素,教学内容是教学改革的核心部分。而在教学改革中,教学内容和课程体系改革是重点和难点。

对课程进行改革,首先要将三个"着眼点"明确下来,即着眼于提高学生的全面素质,改变课程的单一性;着眼于学生的终身发展,力求课程设置的时代性;着眼于发挥学生的创造能力,重视发展课程的隐形性。要借助于相应的一些方式和途径来进一步拓宽学生视野,更新教学内容,在调整课程结构上动真格,具体来说,就是认真优化必修课程,大力开发选修课程,积极加强活动课程。如此一来,就能够使学习教育教学过程中存在的一些问题得到妥善的解决或者改善,从而使教育教学的发展与时代发展变化的需要相适应,不断优化课程体系,更新教学内容,改进教学方法已刻不容缓。具体来说,可以从以下几个方面着手进行。

1. 构建适应素质教育的课程体系

学校应抓住教育部专业目录调整的机遇,采取整体设计、分类指导、分步实施的办法,扎扎实实抓好课程体系改革。对旧的课程体系进行改革,建立一种科学的、充实的而富有鲜明特色的、多样化的、开放的、具有弹性的课程体系势在必行。课程体系改革的重点主要包括:调整专业设置;调整课程结构;全面推行以弹性学制、选课制、主辅修制为基本特征的学分制;压缩学时,减少课程学习总量;加强基础课教学。

2. 构建与素质教育相适应的教学内容

从目前我国教育教学改革的现状来看,教学内容的更新是弱项,但是,其所起到的作用却是非常大的,能够牵动教学质量的全面提高。在很长的时间内,教育教学中产生了较多的问题,比如,教材内容陈旧,文化功底薄弱,体系的科学性和发展性欠缺,课堂教学忽视了创新精神和创新能力培养。这些因素都对教育教学质量以及教师业务质量的提高产生了制约作用。因此,在进行教学内容方面的改革时,首先要做到精简教学内容,然后要将最新科研成果补充到教学内容中去。这样,才能取得理想的教育教学改革成效。

3. 对与素质教育不相适应的教学方法和考试方法进行改革

当前,应大力改革旧的、与素质教育不相适应的教学方法和考试方法,从而对素质教育的顺利开展起到促进作用。首先,要对教学方法和教学手段进行改革。改革的方向为,以构建学生学习主体地位为教学宗旨,突出学生参与、学法指导、启发思维,增强师生感情交融。其次,要对考试制度和学生评价方法进行改革。对学生评价要全面客观,不单纯以学习成绩评价学生,让每名学生都体会到,只要努力就能获得成功。

(三)建设一支素质过硬的教师队伍,保证教学质量

教师在教育教学过程中是主导因素,对于教育教学的改革来说,建设一支素质优良、结构合理、治学严谨、精干高效、充满活力、能在未来竞争中处于优势地位的教师队伍,提高广大教师教书育人的积极性,是非常重要的关键一环,这不仅是培养高素质创新型人才的迫切需要,还会对学校能否在21世纪掌握教育主动权的一项战略性工作产生影响。

对于教师来说,其首要责任就是教书育人,教书和育人两者是同等重视的,这就要求教师首先要有责任心,能够对学生的成长负责任。教师相对于学生而言是闻道在先。教师在教学过程中要把传授知识同培养思想品德、陶冶情操、养成良好行为习惯结合起来,不仅切实肩负起"授业"的责任,而且要认真负责地担负起"传道"的责任。与此同时,教师还要把握好教育的方向和目标,这是教育的核心,一切教育活动都是直接或间接地为了达到一定的目的而展开的。教育是一种价值引导,价值引导体现着社会的意志。我国教育的目标是培养德、智、体、美等全面发展的建设者和接班人,因此,对学生进行理想信念教育和高尚道德风尚教育是教师义不容辞的责任。

教师所背负的责任,就要求其必须具备过硬的素质,"铸师魂、养师德、练师能、作师表",成为一名合格的教师。具体来说,应该恪守职业道德;要有广博精深的知识;要善于总结经验,潜心教育研究;要有敬业精神;要善于做学生的思想教育工作。

总的来说,可以将素质教育看作一个复杂的社会系统工程,

既要有宏观上的重大决策,又要有中观、微观的具体措施,只有家庭、学校、社会都来关心支持素质教育,才能保证素质教育的顺利实施,并保证取得理想的教育教学成效。

第五章 现代体育教学思想政治教育功能实现与优化应用

体育教学的教育功能主要是指教书育人,而育人这一功能中,体现的最为显著的就是思想政治教育功能。因此,这里将现代体育教学的思想政治教育功能单独拿出来进行分析和探讨。体育教学的思想政治教育功能可以分为几个具体的功能,由此使读者能对这一功能有一个全面的了解和认识,为后面体育教学思想政治功能的优化应用奠定良好的基础。本章所涉及的内容主要有体育教学思想政治功能的具体体现、优化理念与原则、优化媒介以及优化的具体应用几个方面。

第一节 体育教学思想政治教育功能的具体体现

通常,人们对思想政治教育功能的认识较为笼统,没有更加具体、深入的了解,这里就将其具体体现充分剖析出来,以建立较为全面的初步概念,为更加深入地研究奠定基础。具体来说,体育教学思想政治教育功能主要体现在以下几个方面。

一、思想引领功能

思想政治教育具备引领功能,国家政策方针对思想政治教育具有指导作用,正因如此,开展思想政治教育,能够使受教育者的思想意识、行为方式向积极的方向发展,使其个人发展方向与社会发展要求保持一致,这对个人的全面发展及其个人价值的实现非常有益。不仅如此,思想政治教育对受教育者个人的导向最终还有助于对整个社会的导向,使全社会都发生积极的变化,促进社会更快发展,这最终又有助于推动新时期中国特色社会主义文明建设,推动社会主义核心价值观的传播与渗透。

而学校体育在思想政治教育方面同样发挥着重要的引领功能。学校体育的引领功能指:"以先进的、合理的体育文化价值取向,引导师生员工的体育生活方式向合乎人类理想的方向发展;引导师生员工的体育意识和锻炼行为方式,主动地适应健康的、全面发展的个人和社会需求。"[1]开展学校体育活动,对学校教师、学生及其他校园人在思想上的作用都是非常显著的,如能够使他们的个人发展目标更加明确,使其对体育运动的价值取向有进一步的认识与理解,同时也能使全体校园人的爱国主义情感变得更加强烈。

马克思、恩格斯曾提出"体育是造就全面发展的人的唯一方法"。内容丰富、形式多样的校园体育活动是学校体育的具体体现,组织实施各种各样的校园体育活动,有助于活跃校园体育氛围,促进校园体育文化建设与发展,良好的校园体育文化对师生参与体育活动起到引导作用,使他们能够积极参与到体育锻炼中去,达到有效提升身体素质的效果;同时,还能使师生明确人的全面发展目标中,首先要拥有健康的身体和强健的体魄,因为没有健康的身体这一基础,人的全面发展就会缺乏坚实的基础,无法实现人生目标。而通过学校体育活动的实施,能够引领师生以参与各种各样体育活动的方式充实地度过课余时间,使其课余生活更加丰富多彩。师生科学参加体育活动,并保持良好的体育锻炼习惯,有助于改善体质,优化心理素质,实现身心全面协调发展。不管是教师还是学生,只有体质增强了,心理素质提升了,才会更好地教、更好地学,从而提高他们的工作和学习效率,以及生

---

[1] 常益.大学体育的思想政治教育功能研究[D].东北师范大学,2019.

第五章 现代体育教学思想政治教育功能实现与优化应用

活质量。学校体育活动还能使师生清楚地认识到,不仅文化知识重要,体育知识与技能同样非常重要,只有师生的体育认知能力提高了,他们才会密切关注体育,亲身参与体育,教师也会从事一些体育方面的研究,丰富体育理论知识。在全面发展观的指导下,学校体育促进师生全面发展的作用越来越受关注与重视,具体表现为增强体质、提升思想道德水平、完善个性心理、提高智力,等等。

学校体育的内容非常丰富,有些学校体育项目中所蕴含的文化内涵既丰富、又深刻。以精神文化为例,学校体育中的集体项目需要团队共同参与,团队成员只有团结一致,相互配合,发挥集体的力量,才有可能取胜,这样的项目包括足球、篮球、排球等,学生参与这些运动,对培养其集体主义精神、团队意识、责任心尤为有益;还有一些项目对参与者坚忍不拔、不轻易放弃的精神是巨大的考验,这样的项目有田径、游泳等,学生参与这些项目,必须发挥不怕苦、不怕累、不轻言放弃的精神,而且这些项目对锻炼和提升学生的意志品质非常有帮助;学校体育中不乏一些蕴含中华民族文化内涵的项目,如武术、中国象棋等,学生参与这些项目,不仅能锻炼身体,提升智力,还能进一步了解博大精深的中华民族文化,提升民族自豪感,强化爱国主义情感。

学校体育教学对校园体育文化的建设还是非常重要的,同时,其也广泛开展各种体育活动,来积极引导、吸引广大教师和学生积极参与其中,在这一过程中,将中华民族传统体育及其项目广泛传授给大家,并且引领广大师生,使其充分认识到中华民族传统文化是如此的博大精深,从而通过实践参与民族传统体育项目来深刻体会其中蕴含的民族文化内涵。太极拳是民族传统体育的典型代表,其中所蕴含的民族传统文化内涵不言而喻,引导师生习练太极拳,能够使其切身体会到体育项目与民族传统体育文化的相通之处,而且同时能深刻领悟太极拳文化,习练者从而会不由地对先人的智慧赞叹不已。中华民族发展至今历经了重重坎坷,接受了无比的考验,度过了无数的难关,这些在体育的发展历史中有一定的体现,从这个视角来看,师生学习体育项目,尤其是中华民族传统体育项目,能够对中华民族的发展史有更直观的了解,并更加珍惜来之不易的幸福生活。此外,开展丰富的校园民族传统体育活动,还能增强师生的民族自豪感和民族自信心,并使师生将弘扬民族传统体育文化作为自己义不容辞的责任,主动承担传播与弘扬民族传统文化的重任,这也是学校体育思想引领功能的重要体现之一。

学校在组织学生参与校园体育活动时,所采用的组织形式主要为集体项目或团队体育活动,而集体性的体育项目和团体活动的进行需要很多学生以团队的形式参与,参与者分工不同,责任明确,每个人应在自己的位置上扮演自己的角色,发挥自己的作用,同时与其他队友相互配合,为集体荣誉而战,争取团队的胜利。在团队集体作战的整个过程中,每个队员的集体主义意识都会得到提升,集体主义精神也会得到升华。如果团队成员缺乏集体意识,责任心不强,只管自己,不顾集体,那么就难以通过完美的配合来赢得集体的胜利,这样的团队在精神上是有缺失的团队,是不完整的集体,是难以长久存在的。因此,学校体育不仅让学生学会如何完成体育动作,完善体育技能,还能够引导学生树立集体主义意识,培养学生的集体主义精神和协作能力。此外,团结一致的团队是充满信任与力量的,良好的团队氛围又会使学生产生归属感,并尽职尽责为团队荣誉而付出,可见学校体育能够使学生在接受和内化团队精神与协作意识方面形成良好的自觉性、自主性。

二、品格塑造功能

学校体育的主要目的,在于使学生对体育的发展史有所了解,培养起良好的体育技能,充分感受体育文化,并能依据自身的爱好积极参与到体育活动中,并适当参与到竞技对抗的活动或者比赛中去。这些体育活动和体育赛事能够提升学生的审美趣味,

第五章　现代体育教学思想政治教育功能实现与优化应用

促进学生人格的健全和品位的提高。

研究发现,学生的心理发育水平能否通过体育活动得到有效提高,主要取决于其参与体育活动是否科学、规律,只有科学参与,长期参与,才能取得显著的、积极的、正面的效果,学生自尊心的发展尤其能体现出这种效果的正面性。同时,学生通过参与体育活动,情绪得到改善,身心压力减轻,这也是学校体育正面作用的体现。这些研究结果都表明,体育活动与体育课程在学生心理健康发展方面所产生的作用是非常显著的。

学校体育具有显著的身心健康促进功能,学生参与学校体育活动能够获得稳定的、愉快的体验。体育活动具有竞争性,学生参与竞争性强的体育活动,在整个过程中能够享受竞争的乐趣,体验竞争的快感,而且在取得最后的胜利或达到预期的竞技目标后,其满足感和成就感油然而生,自信心也会大大提升。充满竞技因素的体育活动对学生身心健康及心理素质的积极促进作用非常显著,身心健康、心理素质水平高的学生也更能够乐观生活,勇敢面对学习与生活中的困难,从容解决生活与学习中的问题。健康的心理、过硬的心理素质对学生群体所产生的积极作用主要体现在健全人格的建立方面。前文提到,集体性体育项目要求团体共同参与,每个队员都要扮演好自己的角色,履行好自己的职责,并与其他队友做好配合工作,如此才有可能获得成功。这其中包含着对学生集体主义精神、协作意识与能力及奉献精神的培养。这些精神也是中华民族精神,是优良的中华民族品质,它们在漫长的发展历史中逐渐形成、不断完善,对学生的影响及教育意义是潜移默化的。学生在长期参与学校体育活动的过程中会逐渐形成这些精神,养成这些品质,懂得吃苦耐劳,勇于迎接和应对挑战,学会以集体利益为主。因此要积极发挥学校体育的品格塑造功能,通过开展丰富多彩的学校体育活动来培育学生高尚的道德情操,使学生有理想、肯吃苦、懂合作、能奉献。我们在中国特色社会主义建设中需要这样的青年人才,他们的发展应与社会主义的发展保持一致,应符合社会主义和谐社会的建设要求。在人的一生中会经历很多特殊的、重要的、不可缺少的时期,学生时期就是其中一个非常重要的人生历程,对每个人而言,这都是不可缺少的一个环节,在这个重要的时期,学生的世界观、人生观、价值观不断形成、发展,并逐渐趋于成熟,如果没有这个黄金时期,人的世界观、人生观和价值观很难沿着正确的方向发展下去。可见,在这个重要时期对青少年进行体育教育是非常重要的。学校应充分认识青少年学生的身心发展规律与发展特征,在此基础上开展各种校园体育活动,其中最主要的是体育课堂教学活动和课外体育活动,这是显性体育教育方式。除此之外,还要加强隐性教育。显性与隐性教育方式相结合,能够更好地引导学生在体育学习中树立正确的世界观、人生观以及价值观,使其坚定正确的政治方向,遵守社会道德规范,将来为社会主义发展伟业做出自己的贡献。

审美是人类精神需求的一种高级的文化活动,其在很大程度上影响着人类整体的发展。体育本身与审美之间的联系并不是直接的。在历史的发展长河中,体育的功能越来越丰富,越来越完善,除健身功能外,还有健美功能、健心功能、社会功能等,随着体育功能的完善,人们参与体育活动的兴趣逐渐提升,积极性也越来越高,参与体育锻炼的人口越来越多,更高、更快、更强的体育精神使参与体育活动的人有了新的追求目标。人们不仅亲身参与体育锻炼,而且也会在现场或利用现代媒体观看精彩的体育比赛,不管是亲身参与,还是观赏他人的比赛,都能培养人的审美意识,提升人的审美情趣,使人在体育中追求更高层次的美,可见人们对体育活动中的美有了更进一步的追求。

学校体育具有显著的审美功能,下面主要从三个方面来认识学校体育的审美功能。

第一,塑造形体美。学校体育活动丰富多样,学生有规律地参与体育锻炼,不仅能使身体强健,还能促进形体的改善,使身体各部位协调发展。

第二,培养欣赏美的能力。学生长时间参与学校体育活动,尤其是健美类体育活动,其欣赏美的能力也会得到一定的提升。体育中不乏美的元素,但很多学生都发现不了其中的美,这就需要通过学校体育来进行培养,使学生善于发现美,并在体育美的吸引下参与体育活动,在实践参与中深刻感受美。

第三,培养创造美的能力。创造美基于对美的探索与追求,学校体育应与美育结合起来,使学生不仅能发现美,欣赏美,还能在实践中享受美,体验美,创造美。

三、规范约束功能

体育发展至今,经历了长期的历史演变,新时期的现代体育与当今社会政治、经济、文化基础的规则是相适应的,同时,体育仍然是不断演变着的,因为只有这样,其才能与不断发展变化的社会相适应。

对于学校体育来说,其所发挥的作用不仅仅是思想引领与品格塑造,还有重要的规范约束功能,这一功能通过一些具体的规则对学校体育活动的参与者、学校体育的学习者起到积极的引导作用,使他们去遵守不同项目的不同规则,学生参与体育活动,要提前了解所参加运动项目的基本规则,在参与过程中,其行为是受基本规则所约束的,其所做的动作必须在规则允许的范围内,不能逾越,更不能违背。只有遵守规则,才能保证体育的公平性。竞技体育的规则性很强,竞技运动员将规则看得非常重要,在比赛中必须遵守规则,如若违背规则、蔑视规则,必然会受到相应的处罚,甚至还会失去观众的信任。严谨的规则也是竞技体育的一大魅力,正因为竞技体育的规则越来越严谨和完善,竞技体育的发展才越来越快,才吸引了越来越多的观众和爱好者。学校体育的竞技性虽然不像竞技体育那样突出,但也不能忽视基本的规则,学校体育强调规则的重要性,能够培养学生的规则意识,使学生养成自觉遵守规则的好习惯。

四、精神激励功能

竞争性、对抗性是体育的基本属性,竞技体育的竞技特性尤为显著,追求胜利是运动员参与竞技体育比赛的最终目的,竞技精神激励着无数体育人为之奋斗。学校体育同样具有精神激励功能。学校体育活动的主要开展方式有设置体育课程、开展体育教学、组织课外体育活动等,不管是哪种形式的学校体育,其都能体现出体育本身的竞争属性,学生参与充满竞争性的学校体育活动,能够培养与强化他们的竞争意识,并提升他们的竞争能力。

思想政治教育具有很强的激励功能,其主要通过以下几种形式来发挥这一功能。

第一,民主激励,指的是激励人们发挥主观能动性,自觉参与丰富多样的活动,在参与过程中对自己的权利予以行使,强化主人翁意识,并能积极主动地参与社会活动,为社会发展做出自己的贡献,奉献自己的力量。

第二,榜样激励,立榜样,树典型,发挥榜样的示范作用,榜样的力量是无穷的,榜样也是人们敬仰的对象,是人们学习与效仿的对象,受到榜样激励的人们也会自觉对自己的言行举止予以规范,自觉优化自己的品行,使自己的思想道德水平上升到新的高度,并争取成为像榜样一样优秀的人。

第三,情感激励,主要是以通过满足人们情感需求的方式,来将人们的积极性和主动性激发出来并加以鼓舞。

第四,奖惩激励,就是以奖惩的手段,大力宣扬那些与社会规范相符的行为,批判那些与社会道德规范不相符的行为,以最直观的方式将人们的合理动机激发出来。

将思想政治教育的激励功能在体育教学中加以运用,通过举办各种体育活动,来让学生在这一过程中激发出自己的主人翁意识。同时,积极的鼓励政策对学生而言也是一种激励方式,能使学生以群体的形式自主培养兴趣爱好,自主选择自身发展需要所必须的物质、精神活动,以思想政治教育的民主激励手段激发学生的主观能动性,激发其责任感和使命感。

学校体育在实施过程中,不仅要做好校园体育榜样的培养,还要进行有序的梳理,通过身边人讲述身边事的方式,来对优秀、和谐的校园体育文化进行大力宣传。榜样的力量是无形的、强大的,让学生投身于对榜样的了解和学习中去,能够使他们形成良好的思想意识,这对于学生更好地理解和接受优质校园体育文化,并在潜移默化中加强自身对体育的兴趣、热爱和重视程度,更好地参与到学校体育中起到了巨大的推动作用,同时,这也能为学校体育思想政治教育的开展提供极大的帮助。

学校还要积极组织开展各种形式的课外体育活动和校园体育赛事,鼓励学生通过在体育赛场上进行个体或集体的比拼,来感受竞技体育热烈的比赛氛围,使他们能够体会到因运动员出彩的表现所带来的视觉冲击,并激发其内心对美的追求和渴望,激发其情感需求,感受集体荣誉感和通过比赛带来的情感满足,从而达到以情感激励的方式激发学生主动性的目的。

五、身心调适功能

人们能够借助于体育锻炼来达到提高自身身体素质和智力水平的目的。体育本身有着强身健体、愉悦身心的作用。当前社会,脑力劳动越来越多,体力劳动越来越少,经济发展水平的提升导致的一个最大的问题就是人们的体育锻炼普遍较为缺乏,身体素质水平下降。在校园中,学生经过以应试为主要目的的基础教育的洗礼,身体素质亟待加强,因此,学校体育能够发挥其强身健体的功能,帮助学生通过加强体育锻炼来促进青少年生长发育,加强青少年身体健康,增强青少年身体素质。近年来经常出现有学生在运动过程中猝死的新闻,这都是现阶段应试教育下青少年身体素质水平普遍下降的原因。而学校是教书育人的重要基地,要想促进人的全面发展,学校体育作为其中的一个重要基地,要将其在这方面的作用充分发挥出来,从而改善学生的身体素质,提升学生身体健康水平。

学校体育所包含的集体性体育项目种类繁多,学生群体参与到这种团队性的体育项目中,能够亲身体验团队合作带来的快乐。学生在参与体育团体项目的过程中,能够充分体会到团队的力量,全队上下一心,不懈努力,个人服从集体,从而为取得最终的胜利创造良好的条件。学校体育借助各类体育娱乐活动、体育竞赛来培养学生的团队素养、集体责任感、领导能力等,不仅能够增强学生自身的竞争力,更能使学生群体适应社会的发展变化,成为对社会建设有用的人。

六、审美熏陶功能

体育在培养学生树立正确的审美意识方面也有着非常显著的功能。生活中,美的事物有很多,但是,发现美的眼睛却是较为欠缺的。由此可以看出,正确的审美意识对于个人来说是多么重要的素养之一,这一重要素养对于发现和了解所遇到的美的事物具有积极意义。体育中包含很多种形式的美,而这些美的形式也正是借助于体育这一媒介而展现出来,被人们所领悟的,因此,对学生正确审美意识的培养也能由此而获得。学校开设的体育课程中,很多运动项目都包含了其各自特殊的美,比如,游泳课中优美的泳姿,篮球课中帅气的投篮,体育舞蹈课中优雅的舞姿等,学生在课堂中学到的知识和技能展示着高超的运动技术。这个过程中,技术本身是具有美感的,运动中的人矫健的身姿更是一道靓丽的风景线,这些都将体育的美的功能体现了出来。

在体育活动中,同学们为了集体荣誉团结一致,奋力拼搏,这时候他们展示出令人折服的精神是一种美。美的形态种类万千,体育的美更是如此。体育运动本身是一种美,青年人年轻的姿态以及优美的体态是一种美,体育过程中传递的精神以及体育活动中贯穿始终的精神也是一种美。教师通过体育让学生领略到这些美,并且通过相关的活动让这些美对学生的审美意识和个人品味产生潜移默化的影响,从而得到显著提高。

第二节 体育教学思想政治教育功能的优化理念与原则

一、学校体育思想政治教育功能优化的理念选择

人们对体育的理解和认识通常都是较为片面的,比如,认为体育就是强身健体,体育的功能就是增进健康。然而,体育作为育人的一个重要方面,不仅具有身体教育的功能,更有促进人身心平衡发展、促进人的全面发展、提升人思想道德水平的重要意义,思想政治教育功能也是不可忽视的重要方面。

在选择体育教学思想政治教育功能优化的理念时,需要遵循以下几个方面的要求。

(一)坚持"社会主义核心价值观"的统一

社会主义核心价值观是社会主义核心价值体系的内核,是社会主义核心价值体系的高度凝练和集中表达。通常,可以对社会主义核心价值观的基本内容进行概括,不同层次的具体内容是不同的:国家层面的价值目标是富强、民主、文明、和谐;社会层面的价值目标是自由、平等、公正、法治;个人层面的价值目标是爱国、敬业、诚信、友善。这些不同层面的 24 个字的高度凝练,为新时期国家的发展起到了指引作用。[①] 作为重要的育人手段,体育是学校对学生进行教育不可忽视的重要组成部分,发挥大学体育的思想政治教育功能既是必然要求也是现实选择。可以说,社会主义核心价值观是学校体育思想政治教育的必然选择。

中国特色社会主义文化建设所涉及的内容主要有两个方面,

---

① 常益.大学体育的思想政治教育功能研究[D].东北师范大学,2019.

即思想道德建设和科学文化建设。

第一,思想道德建设。作为社会主义精神文明建设的内核,其对我国精神文明建设的本质和方向有着明确的规定,对推动社会发展具有非常重要的作用。思想道德建设解决的是精神文明建设的根本问题,即解决影响整个民族发展的精神支撑和精神动力的问题。可以将社会主义思想道德建设的基本任务总结为:加强爱国主义、集体主义、社会主义教育,推动社会公德、职业道德、家庭美德建设,帮助人们树立建设中国特色社会主义的共同理想和正确的世界观、人生观、价值观。可以将思想道德建设的基本内容归纳为三个方面,即理想建设、道德建设和纪律建设。

第二,科学文化建设。在精神文明建设中,科学文化建设必不可少,科学文化建设的重要性主要从其影响物质文明建设的进程、影响人们的思想道德水平等方面体现出来。中华民族的发展离不开人才的推动,人才的智力直接决定人才发挥作用的大小,而解决这方面的智力问题正是科学文化建设的主要目标所在。一个国家的发展水平和社会的文明程度一定程度上可以从其体育发展水平中体现出来,体育发展水平甚至是一个标志或窗口,能够使人们清楚地了解国家和社会的发展情况。体育包含学校体育这一特殊的内容,学校体育的发展当然也能作为反映社会发展的一个方面,而且学校体育在推动社会发展方面也有着至关重要的作用和不可推卸的责任。

由此可以看出,我们探讨体育的思想政治教育功能,不可避免地要将中国特色社会主义文化建设所涉及的以上两个重要内容有机结合起来,这两个方面是密不可分、缺一不可的,我们必须理清二者的关系。

学校教育包含的内容非常多,思想道德教育和科学文化教育是非常重要的两个方面,开展学校教育,培养学生的思想道德品质和文化品质,主要是为了塑造栋梁之才,青少年学生是祖国的未来,有理想、有道德、有文化、有纪律的青少年一代对祖国未来的发展将会起到至关重要的推动作用。学校教育要落实思想道德教育,必须注意教育的全面性,主要就是丰富教育内容和教育方式,不同的教育内容与教育方式所达到的目的是有不同侧重和倾向的,具体涉及以下几方面的教育内容。

首先,理想教育,目的是把我国建设成为富强、民主、文明、和谐的社会主义国家。

其次,道德教育,目的是树立和发扬社会主义道德风尚。

再次,文化教育,目的是培养大量的栋梁之才,提高国家的软实力。

最后,纪律教育,目的是全方面最大限度地实现公平和效率,使人民幸福安定。

基于上述教育内容与教育目标,我们的教育应该引导学生爱祖国、爱人民、爱劳动、爱科学、爱社会主义。

除此之外,学校体育要注意将体育教育过程中所能体现的理想性、道德性、文化性、纪律性挖掘并开发出来。高校体育教育更要注重与思想政治教育的有机结合,要有科学的教育思想,在科学教育思想的引领下开展具体的教学活动,高校思想政治教育的内容应与社会主流要求保持一致,为此,要继续坚持社会主义核心价值观的引领,在此指引下走科学的教育之路,开辟科学的、对国家和社会发展有意义的教育之路。

（二）坚持"人的全面发展"理念的引领

在学校教育、社会教育以及家庭教育中,要重视在不同的环节渗透德育,甚至要将德育贯穿于教育过程的始终,这就要求在教育中加强中华民族优秀文化传统教育和革命传统教育。学校教育中德育尤为重要,为培养青少年学生的良好道德素质,要做好学校思想道德建设工作,将思想政治教育放在重要的位置,不同的教学阶段都要加强德育工作,各个教学阶段的德育应保持目标的一致性,小学德育、中学德育、大学德育应保持密切的联系,应衔接连贯,对此要科学构建与完善德育体系,不断丰富德育内容,优化德育方式,更新德育模式,最终提升德育效果,达到预期的德育目标,提高学生的思想道德水平,使其成为社会主义合格的接班人,将来为社会主义建设做贡献,为时代发展做贡献。

促进人的全面发展是人才培养的主要目标,这是从宏观角度而言的。人的全面发展理念对学校体育思想政治教育同样发挥着重要的引领作用,在学校体育教育中渗透思想政治教育,必须坚持贯彻这一理念的指导,不管从个体发展角度而言,还是从宏观角度出发,都要努力实现人的全面发展。坚持人的全面发展理念的指导,要求向学生传授丰富的体育知识,对学生的体育理论素养进行培养,锻炼学生的运动技能,对专长突出、全面发展的人才进行培养,并引导学生努力进取,培养其正确的世界观、人生观、价值观。体育能够不同程度地促进德育、美誉、智育的发展,进而推动学生全面发展,因此必须将体育的育人功能充分重视起来,并通过有效的途径发挥体育的育人功能。学生最终都要步入社会,而全面发展的学生能够快速适应社会生活,能够更好地参与社会实践活动,并得到他人的认可。个性全面发展的学生在参与社会活动的过程中,能够恰当处理人际关系,对社会规范能够自觉遵守,也能够很好地与他人合作,并充分发挥自己的价值,用自己的诚信、朴实赢得他人的信任。个性的全面发展能够促进学生世界观、人生观及价值观的更新与完善,使学生不断克服困难,实现每一个人生目标。某种意义上来说,学生进入社会关系的入口因为体育的原因而有所提高了。究其原因,主要是由于个人的需要,个人不再满足只发展某一方面的素质,他们对全方面发展有很高的诉求和强烈的追求。根据需求层次理论,个体最先追求物质方面的东西,物质需求满足后,开始将自己的需求延伸到精神层面,如尊重需求、自我超越需求、自由需求、个性发展需求。追求个性的全面发展,既要提高心理素质,优化心理品质,又要约束言行,实现内在与外在的协调发展。在人的全面发展中有一个不可忽视的观念,即精神道德观念,人参与实践活动,发挥主观能动性去有目的、有计划地改造世界,在这个过程中,有着重要指导作用的是实践者的思维,思维正确,才能更好地改造世界,这里的

第五章 现代体育教学思想政治教育功能实现与优化应用

思维也可理解为道德精神。实践者的道德精神是否高尚,直接决定思维的指导作用是否积极有效。"道德精神"中的道德是使人言行举止不断趋于规范的"神器","精神"是人类意志和决心的代表,其中决心又由"道德"所规范和约束,只有道德高尚,改造世界的决心才更有意义,且改造之路才会有希望之光。由此可以得知,对学校体育的思想政治教育功能进行深刻的挖掘,并努力在实践中实现该功能,这对学生个体的发展乃至社会的发展都有着十分重大的意义。某种意义上来说,挖掘与优化学校体育思想政治教育功能也是教育发展期待的应有之义。

"短板理论"就从侧面体现出了人全面发展的重要性。因此,要想改善这种情况,就需要首先弄明白不同方面在缺少时所产生的影响。比如,科学文化素养低下,就难以解决生活中的很多问题;体质差,则面对学习与工作压力会不堪重负;思想道德水平低,则无法对社会发展起到积极促进作用,甚至会给社会发展造成负面影响。推动学生全面发展是学校体育与学校教育的一个重要目标,为实现该目标,应在学校体育教育中充分渗透思想政治教育。学校教育中,体育教育是不可缺少的一部分,体育具有广泛性、多样性、规范性、实践参与性等特征,这一教育内容也是一种比较特殊的、不同于文化教育的教育形式,其对学生全面发展的促进作用是其他教育形式不可替代的。体育属于全世界,没有国界之分、种族之分、性别之分,体育人更是乐观向上、活力、顽强的代表。为了保证人的全面发展,要将体育、思想政治教育作为关注的重点,要坚持在人的全面发展的思想指导下,将体育和思想政治教育两者有机结合起来,使两者相辅相成、相互促进,共同起到积极的影响和作用。

(三)坚持"人的本质学说"思想的指导

教育所改造的是人的思想,改造的标准是当下社会价值观。教育的对象是人,所以,这就要求教育要强调人的主体性,贯彻人本主义理念,倘若教育是超乎人之外的,那么教育就谈不上成功与否。教育要有助于人主体性的发挥和个人价值的实现,要使人的世界观、人生观、价值观在正确的轨道上不断形成、发展与完善。

关于教育和教学,不同的人有不同的理解和观点。比如,大卫·杰里·史密斯认为教学就是一种关怀。解放、人文关怀等重要的价值隐含于教学中,作为教学"调和剂"的个性自由更是无比重要。由此得知,通过教育,应能使人思想得到解放,使人个性得到发展,使人不断追求生命的意义和生活的真谛。人类解放天性是有方向性的,方向正确与否,要靠教育这根导轨来引导,同样,人自我价值的实现也离不开教育的指导。对于学生而言,"学习过程是以人的整体活动为基础的认知活动和情感活动相统一的过程,如果没有个性的精神自由,学习任务不可能完成;学习活动即使发生也不能维持"。这就从某种意义上反映出了学校体育的思想政治教育功能,只有学生内心主动接受这些内容,才会最终成为自身的习惯。

关于"人的本质",马克思提出了下面几个观点。

首先,要坚持人的社会性原则。可以将学校作为一个缩小版的社会,学生在这种环境中,就能够体现出各自的社会特质。每个人都是在社会这个大环境中生存与发展的,每个社会人都要遵守社会行为准则,自己的行为要与社会规范保持一致,要主动适应社会意识形态,发挥体育的思想政治教育功能,能够使人做到这一点,这是人参与体育活动中最有价值的收获之一。

其次,要坚持人的实践性原则。教育的范围很广,但也不至于无从下手,开展教育活动,要先找准切入点,即知识,在此基础上要选择恰当的教育方法,即以人本主义教育方法为主,实施该方法,要求对被教育者人的主体性予以尊重,然后通过教育来培养人的价值观,修正他们错误的价值观,并指导人们发挥主观能动性,用先进的理念和科学的方法改造客观世界。体育的思想政治教育功能能够使学生参与到实际的体育实践中,在这个过程中去体会集体主义精神,体会进取精神,体会合作,体会规则,体会公平等思想政治教育的目标追求。

最后,要坚持人的主体性原则。社会实践的顺利进行是需要具备各个方面的必要条件的,而发挥人的主观能动性是其中之一。学校体育思想政治教育功能应该发自学生的主观意愿,而不应该是学生被动的接受过程,学校体育通过其独特的形式,能够对学生产生潜移默化的影响,从而使学生能够在这一过程中获得一些可贵的品质。

用"人的本质学说"思想探讨体育的思想政治教育功能,有一点必须要予以重视,即尊重和遵循人的发展规律,也就是说,要在符合人的本质的基础上谈如何发挥体育的思想政治教育功能,否则就不会对人的全面发展产生积极的影响。

"人的本质学说"积极引导着整个社会,对学生的思想政治教育功能起到重要的补充和完善作用,使得在充斥着大量信息、信息摄取冗杂、学习渠道广泛的当今社会,为学生以最回归本源的方式形成自己的思想意识形态提供了必要的帮助。

二、学校体育思想政治教育功能优化的基本原则

(一)导向性与实践性相适应原则

导向性与实践性相适应原则,具体来说,就是完善学校体育思想政治教育功能要坚定正确政治方向,要明确教育方针,在实践中发挥与落实体育思想政治教育功能,弘扬体育精神。不管是从社会、国家的层面着眼,还是从学校体育的层面来说,都必须要积极落实思想政治教育,并要考虑学校体育教育的发展目标,从而使思想政治教育的开展更有方向性。因此,推动学校体育思想政治教育功能的优化与完善,必须坚持导向性与实践性相适应的原则。

对于学校体育思想政治教育功能来说,运用导向性和实践性相适应原则是其必须遵循的根本原则,同时也是学生思想政治教

育本质属性的必然要求。时代在进步,人的思想也不会一成不变,随着不断的实践,人的思想水平不断提升,认识越来越深化,因此开展思想政治教育工作,不仅要坚持科学的导向性,而且要在其与创新实践活动中寻找契合点。学校体育具有强大的育人功能,而且学校体育拥有不可估量的精神力量,这些都使得学校体育在不断的实践中经受住了时间的考验,使学校体育文化越来越丰富,这对于思想政治教育的价值观导向作用的发挥是非常有利的。

（二）人文性与科学性相兼顾原则

思想政治教育的实施是需要借助相应的媒介才能实现的,而学校体育是其中之一,从人的本质出发,学校体育思想政治教育遵循人文性与科学性相兼顾的基本原则。

所谓人文性,特指那些积极的、健康的价值观念和处事行为。学校体育的思想政治教育功能的人文性特征,就是要求在教育的过程中,一定要将人作为关注的重点,严格遵循以人为本的原则,始终将人的发展作为主线,对人的立场持尊重态度,对人的感受时刻关心;而在学校体育中的人文性,特指完善大学体育的思想政治教育功能必须尊重和保障学生的本位诉求,从精神上出发,来使学生对思想政治教育的主观认同和主动接受得到保证。

所谓科学性,这一原则的实现是需要在发展的眼光和务实的精神的指导下,使学校体育的思想政治教育实践得以实施,并且遵循学生思想品德发展的一般规律,在遵循实事求是原则的基础上,也要使其客观性得到保证。

在人的本质这一基础之上,在学校体育思想政治教育工作中,将人文性和科学性两者结合起来是非常正确的决定和选择,在体育这种具有艺术特性的活动中,利用人文性和科学性调动学生在精神上的满足和认同,将体育在思想政治教育中的作用最大程度地发挥出来。人文性与科学性的根本依据在于对自由平等和实事求是的尊重及践行。

（三）内涵性与利益性相协调原则

内涵性与利益性相协调原则，就是指加强和改进学生思想政治教育，要以理想信念为核心，深入开展正确的世界观、人生观和价值观的教育，坚定实现中华民族伟大复兴的共同理想和信念，树立共产主义理想。因此完善学校体育的思想政治教育功能，必须要使学生全面发展的需要得到较好的满足，这不仅体现出了学生的利益，同时也将马克思主义的深刻内涵在实践中体现了出来。

当前，满足学生的利益性与社会主义共同理想的内涵性两者之间并不是相互矛盾的两个方面，而是相互促进、相辅相成的密切关系，因此，这就要求必须将内涵性与利益性协调好，这样，才能使个体的利益、国家的需求得到保证。

（四）内驱性与外显性相统一原则

学校体育的思想政治教育功能的完善，需要具备多方面的条件，而学生内在的意识、情感、认知与外在行为表现要统一，换句话说，就是内在的驱动力与外在的表现力相统一，这是必要条件之一，不可或缺。

鉴于认知这一心理活动对人的行为的支配作用，可以将内驱性理解为内在认知的驱动力。而外显性，所指的就是在内驱力之下进行积极主动性行为的过程。由此可见，保证积极的内驱性与积极的外显性的统一是有效实现学校体育的思想政治教育的基本原则。

内驱性与外显性的统一，要求将教育的力量充分发挥出来，内重教化，外靠规范，从内在的品格出发，利用教化的力量来使人们的观念得以改变，并依此引导和约束学生的行为。大学生作为一个能够进行独立思考的群体，学生的思想道德素质水平对其行为表现产生着重要的决定性影响，因此将思想政治教育的内容内化为学生内心的价值选择,是利用大学体育来进行思想政治教育的关键落脚点。外显性与内驱性的统一较为重要的是在开展学校体育思想政治教育工作中,要保持外在的活动符合学生内心的价值取向和行为偏好,教化和规范的过程要尊重学生的内心诉求,不只是需求,更多的是尊重,因此,这就要求学校在体育的思想政治教育的实施过程中,一定要有创新精神,从而与学生的群体需求和内在驱动力相适应,使学校体育的思想政治教育能够"内化于认知、外化于行为",进而达到在知情意行上实现统一的目的。

第三节 体育教学思想政治教育功能优化的媒介

体育是不可忽视的重要的内容,从总体上来看,学校体育包括的内容有很多方面,主要的有体育课堂教学、课外体育活动、业余体育训练、体育竞赛和体育文化建设等方面,这些体育行为营造了整个大学的体育氛围,是大学工作中的重要环节,是学生校园生活的重要组成部分,与学生的学习和生活息息相关、密不可分。这里主要对体育教学思想政治教育功能优化的媒介进行重点阐述。

一、体育课堂教学

学校体育工作中,除了理论知识的传授,还有很多的实践活动,其中,体育课堂教学是最具基础性、最丰富又复杂多样的实践活动之一,体育课堂教学的组成部分主要有内容、方法、目标、载体、形式、评价等。体育课堂教学面向全体同学,因此体育课堂教学作为承载媒介,能够使体育思想政治教育功能得到全面、普遍的实现。

总的来说,在体育课堂教学中,能够优化体育思想政治教育功能的媒介主要有以下几个方面。

（一）体育教学目标

体育课程教学的课程目标主要包括运动参与目标、运动技能目标、身体健康目标、心理健康目标和社会适应目标，两个维度包括基础目标和发展目标。从基础目标上来说，心理健康目标主要要求学生从自身的能力实际出发，规划体育学习的目标。而从发展目标上来说，主要是要求学生表现出良好的体育道德和合作精神，正确处理竞争与合作的关系。

从政策纲要的角度上来说，一定要充分认识到，体育不仅包括身体的教育，还包括非常重要的育人功能，有着重要的精神教育价值。体育教学目标的确定以及在这方面的限制，与其自身的功能有着密切关系。从教学目标自身的角度上来说，体育目标与思想政治教育目标两者是具有一致性的，表现为都是中国特色社会主义价值观的要求。

（二）体育教学内容

从处于青少年阶段的学生的心理发展规律来看，体育教学内容应该具有阶段性和发展性的特点。作为一种实践内容，体育教学内容本身具有一定的纯粹性，因此，可以将实践性看作是体育教学内容的本质属性之一，此外高等教育体育教学内容的重要特点是选择性和职业性，但这些都是以实际的体育教学内容为基础的，因此，这就要求一定要利用好教学内容这一重要工具。在体育中开展相应的体育教学内容，有目的的渗透思想政治教育，将思想政治教育所期许的内涵通过体育教学内容展现出来。

在发挥思想政治教育作用方面，体育作为重要载体，有着潜移默化的成效，这是显而易见的，但是需要注意的是，在具体操作层面，应该围绕教学目标设计有针对性的教学内容，从而将内容的选择权充分地交付学生本身，给予学生在内容层面的获得感，从而使学生的参与感有所增强，把最能体现体育精神的部分作为教学内容的重点。

（三）体育教学过程

和万事万物一样，体育教学过程也是不断发展变化的，这一过程是由很多不同的要素构成的，可以将体育教学过程看作是一个各方面要素相互联系、共同作用的动态阶段，体育教学原则、教学方法、教学组织形式、教学评价等都是教学过程中的重要组成部分，并且这些要素之间是相互依存的关系。

从目前的形势来看，体育教学过程中所包含的组织样式、教学方式以及教学评价等这些要素，并没有最大程度地发挥出思想政治教育的功能，不仅如此，还可以说其将体育教学过程思想政治教育功能的发挥忽视掉了。

从学校体育的现实情况来看，创新体育教学过程的组织形式和教学方法在提升学生对体育教学的认知方面有着非常重要的意义。比如，让学生能够对体育教学内容所包含的体育精神有更加深刻的体会，在运动中感受社会主义核心价值观，在体育中真正践行法治社会的思维方式。

二、课外体育活动

这里主要从课外体育锻炼、业余运动训练、校园体育竞赛三个方面着手来对其思想政治教育功能的发挥进行阐述。

（一）课外体育锻炼

学生对体育锻炼的需求，仅仅依靠课堂教学是远远达不到的，这就需要一定的课外体育锻炼来进行适当填补。一般地，课外体育活动具有自发的、灵活的、多样的显著特点，参与主体是个人或集体皆可，形式也以娱乐性或竞赛性为主，运动项目丰富且无限制，可以选择做课内运动项目的补充练习，激发和拓展学生的兴趣。

第五章 现代体育教学思想政治教育功能实现与优化应用

学校组织实施课外体育锻炼采用的形式主要有早操、课间操以及阳光运动等,由学生自觉自主组织的体育锻炼活动形式通常也可以被纳入到这一范畴中。因此,这就要求积极挖掘学校体育的思想政治教育功能。基于此,严格执行课外体育锻炼活动,赋予其思想政治教育的内涵要求,让学生在课外体育锻炼中形成潜移默化的行为标准。

调查发现,尽管学生向往体育教学,希望参与到各种各样的运动项目锻炼中,但是,实际情况是,学生在当前的课外体育锻炼方面,表现出的兴趣和积极性并不高,甚至还会存有抱怨的行为,究其原因,主要是由于早操和课间操,以及其他课外体育锻炼的形式都具有强制性与枯燥的特点,拉低了学生的期望值,这极大地催化了学生的叛逆情绪。鉴于此,就需要注意学生的心理接受程度,发挥集体的带动作用,要关注学生的心理发展水平,使体育的思想政治教育功能得到妥善的发挥,强制是达不到这一目的的。

课外体育锻炼不仅会对参与其中的学生的意志品质起到考验作用,还能大力弘扬集体主义精神。学校体育下的课外体育锻炼是为了实现健康中国大战略下全民健康的伟大目标,因此每个人都有义务去努力,这是学习做公民的过程,而这一过程正是思想政治教育功能的体现。

(二)业余活动训练

学校课余体育训练的宗旨,与体育课堂教学的宗旨是一样的,都是对学生的教育与培养,使他们能够做到身心兼修,魂魄并铸,最终实现德、智、体、美全方位的发展。

学生在体育教学中,不仅仅是为了学,还是为了训练,这就要求将体育的教育功能和训练功能都充分发挥出来,使学生在学习和训练上获取双重成效。思想政治教育功能同样对于那些以学校业余体育训练为媒介的教学也是非常适用的,能够积极引导学生的意识形态、价值观等的建立与完善。

在学校体育中进行业余运动训练,主要是通过训练的形式,来使学生在学习体育基础知识、掌握体育的相关战术的基础上，进一步提升自己在技术和战术方面的专业性，使其技术和战术的水平更上一层台阶，能优于大部分的学生的实际水平，在身体、技术、战术和思想品质及心理素质等方面打好基础。

（三）校园体育竞赛活动

学校体育是由很多部分构成的，体育竞赛是其中之一，某种程度上来说，体育竞赛是展现青春活力、阳光态度、健康校园的重要内容。体育竞赛历史悠久，其所具有的竞技性、观赏性和偶然性调动着人们的兴奋点，在学校体育中，体育竞赛带来的影响力相较于其他活动是要更大一些的。学校体育竞赛在提升凝聚力、激发学生集体主义精神方面有着非常重要的作用。

体育竞赛本身具有显著的竞技性、多样性、参与性和不确定性等特点，这些对于学生来说，都是新奇和刺激的，因此，能够将学生的动力激发出来，对大家内心深处的激情也有显著的触动作用。当思想政治教育触动人心的时候，利用学生最真挚的情感，引导学生做出正确的互动，引起学生与教育者的共鸣，从而使思想政治教育触动学生的灵魂，使学生对体育竞赛所承载的思想政治教育的精神内核能有更加深刻的领会。

三、大学体育文化建设

体育文化对人产生的影响也是非常深远的，不能忽视，需要强调的是，体育文化对人产生的影响是潜移默化的，比如大家比较熟悉的中国女排精神，推动了整个群众排球运动的发展。当然，体育文化所产生的影响并非都是正面的，也会有负面的影响，比如，足球球迷在带动足球热潮、足球经济的同时，也形成了足球流氓的现象。因此，这就要求积极发挥体育文化的正面意义，挖掘体育文化中所体现的、当代社会需要的优秀品质和精神内涵，着力宣传体育文化，利用体育文化力量，促进中国梦的实现进程。

学校体育文化的开展会直接影响到校风,同样也会影响到学生,尤其是学生的凝聚力、价值观等方面,影响程度是比较高的,因此利用体育文化为媒介,发挥思想政治教育的功能是优化思想政治教育的重要路径。

通过对上述内容的分析和综合可以得知,以学校体育为基础,围绕体育的教学、活动、校园文化建设三个维度来对思想政治教育的媒介进行分析和探索。思想政治教育的开展,所借助的传播媒介中,运用最为广泛和普遍的,都是从学校体育方面得来的,同时,这样所产生影响力最大、效果最佳,深入程度也是最大的。借助学校体育这一媒介,来充分发挥出其思想政治教育功能,能够提升学生的接受程度,学生不再是被动地被灌输,而是经过潜移默化的感染、熏陶,使他们能够在特定的场景和氛围下,积极主动地接受教育,同时,这种方式能与学生产生良好的共鸣,对学生正确价值观的形成也大有帮助。因此,实现学校体育思想政治教育功能的媒介,实际上就是涵盖在学校体育范围内各层次所表达的体育行为。

第四节 体育教学思想政治教育功能优化的具体应用

一、通过"课程育人"的引导,使体育教学本质归正

《高校思想政治工作质量提升工程实施纲要》中针对如何开展"课程育人"工作提出了明确要求:思想政治教育工作要进教材、进课堂、进头脑,大力推动以"课程思政"为目标的课堂教学改革,优化课程设置,完善教学设计,加强教学管理等。以此为指引,深入开展学校体育"课程育人",具体来说,需要关注的工作内容主要有以下几个方面。

（一）通过合理定位，使体育"课程育人"教育本位归正

学校体育课程的目的是强健学生的体魄，塑造学生健全的人格，培养德、智、体、美全面发展的社会主义建设者和接班人。但是，经过不断的发展和演变，体育教学功能发生了异化，部分院校片面地认为体育教学的目的只是给学生一个健壮的身体，"育人"方面的追求却完全被忽视，于是，教学目标设置工具化、教学内容安排片面化、教学过程形式化等问题便出现了。鉴于此，需要借鉴两个方面的措施来加以改善。

一方面，对于教育主管部门和学校来说，要对体育"育人"意识进行进一步的强化，摆正体育教学的观念是关键，同时，还要明确"育人"是体育教育的根本所在，因此，强化体育"育人"的目标定位是非常重要且必要的。

另一方面，对于体育课教师来说，之所以要强化"育人意识"，就是为了使体育课的人本价值很好地恢复过来，将帮助学生建立人生观和价值观的成分融入教学设计中，同时，在课堂教学方面，也要做好对学生良好观念的引导和教育，从而保证最终取得的教学效果是理想的，是能够对学生人格的养成有意义的。

（二）通过文化渗透的形式来对体育"课程育人"实践创新起到积极的引领作用

人类丰富的体育活动所创造出来的体育文化也是多种多样的，其反应形式主要包括身体形态、运动表现、体育器材和无形的社会属性，从这些方面，能够将与社会属性相关的意识、观点和精神反应出来，同时，也能将体育符号、体育价值观和体育规则等独特的存在形式表现出来。

体育课程教学中的体育文化渗透可以通过体育理论课的文化灌输来实现，体育文化渗透能够借助多样化的体育活动课程完成，教师在指导学生做好基本动作的同时，也要强调让学生践行

和体悟相应的体育礼仪。

（三）通过教学重建为体育"课程育人"过程优化提供助推力

在体育课程教学中融入社会主义核心价值观教育，可以从以下几个方面着手进行。

第一，体育理论教学中要对学生认识体育精神和体育文化中蕴涵的社会主义核心价值观进行积极的引导。

第二，在教学各环节中，要有意识地将社会主义核心价值观教育因子融入其中。在教学设计时，要将社会主义核心价值观培育的目的性突出出来，将那些更有利于培育社会主义核心价值观的教学内容和项目作为主要选择对象。

要完善体育教学的课程内容体系，使其能够在丰富核心价值观落地生根的载体资源方面作出应有的贡献。有意识地将社会主义核心价值观教育融入丰富多彩、喜闻乐见的体育活动中，同时，在教学过程中，还要注意对这些项目在传承民族文化、提升道德水准、弘扬民族精神等方面具有的重要价值进行进一步的挖掘和开发。

（四）通过全面发展理念使体育"课程育人"评价体系进一步完善

课程评价，实际上就是对体育课程自身的评定，健全的一项课程评价体系，不仅可以作为"课程育人"的有效元素而存在，而且在课程目标的完成、教学质量的提升上所产生的作用也是非常显著的。

在很长的一段时期内，体育"课程育人"一直处于课程评价体系没能支持和配合大学公共体育"课程育人"的实现和达成的困境中。目前，我国学校体育课程评价体系存在的主要问题是单一，并且在育人维度评价标准方面存在着一定的缺失或不足，由此导致忽视了学生与老师作为人而存在的沟通需要及其彼此的道德修炼。鉴于此,为了保证体育"课程育人"目标任务的实现,必须对体育课程的评价体系进行优化。

二、通过"体质育人"对加强体育课外训练进行引导

在很久以前,人们对体质的重视程度就比较高了,当前,尽管科技发展迅速,生产效率越来越高,其也直接导致了人们的身体素质水平普遍下降,而通过身体素质训练不仅能增强人的体质,还能对人精神和意志品质产生巨大的影响,这一点在体育课外训练中也有所体现。

体育训练不仅能使参与者自身精神境界得到有效提高,更能够带来示范作用,通过表现优秀运动员、优美技术动作等激发学生对拼搏精神的弘扬,也能促进学生审美能力的提高。因此更多的同学参与到业余体育训练之中,无论是否能够真正参加体育竞赛,业余体育训练都能够达到思想政治教育的目的。

三、通过"规则育人"来对体育竞赛活动的规范加以引导

竞赛之所以能够顺利进行,与规则的约束和指导有着密不可分的联系,所谓没有规矩不成方圆,而体育竞技比赛,包括体育游戏活动都需要有规则来限定什么能做,什么不能做,这样才有竞争的意义。

竞技运动的顺利开展,必须遵守这项运动的竞技规则和运动机理。这对思想政治教育本身也会产生重大意义,思想政治教育本身在学校教育中往往是被弱化或者忽视的,很大程度是学生对思想政治教育的不理解甚至误解,那么如果把思想政治本身当作一种社会存在的规则来接受,那么我们对思想政治教育的理解就会更加全面、深刻。而体育的思想政治教育功能通过这种规则意识的塑造以及通过提高对思想政治教育的认同感,能够有效发挥出体育在意识形态领域的特有功能。

四、通过"实践育人"来对体育特色文化的凝练加以引导

(一)将爱国主义与民族精神的涵养凝结起来

对于处于青少年阶段的学生来说,爱国主义教育始终都是他们思想品德教育的重要内容。比如,可以借助奥运会或者中国女排等来对学生的爱国主义进行培养。某种程度上来说,体育精神的传承和感召,是体育价值教育的重要内容,而以体育精神为核心的体育价值教育是爱国主义教育的重要举措。

对于在校的学生来说,爱国主义和民族精神教育是为实现中国梦培养人才的最根本的思想政治教育。[①] 而体育教学作为校园文化中的重要部分,必须要直接与间接共同作用于激发学生的爱国热情上。事实也证明了,体育所迸发出的精神力量真的有激发每个人心中的爱国情怀的作用。

(二)使运动技能与道德品质的并存得以保证

在体育运动中,运动技能是参与者非常重要的素质和技能,但是,这并不是唯一的,只是参与者必须具备的素养之一,同样地,道德品质也是其必须具备的一个重要素养,其重要程度与运动技能相媲美。

体育与道德两者之间是有着非常密切的联系的,体育中包含着很多不道德的行为。从学校体育的角度讲,"评价"能够作为关键因素来对教学成果加以检验。所以评价指标、评价的侧重点与学生运动员的选拔和培养都有极大的关系。在学校中,可以采用的最大的约束力量就是考核评价机制,只有将思想政治觉悟、道德品质引入评价机制,才能将正能量的校园气氛更好地创造出来,从而最终培养出具有远大的社会主义共同理想的中国梦的践行者。

---

① 常益.大学体育的思想政治教育功能研究[D].东北师范大学,2019.

(三)对体育教师与学生工作的互动进一步强化

苏东水提出过的"人为为人"的管理学思想,对于教育也同样是适用的。从教育的角度来说,就是教师要想对学生实施有效管理,就必须要约束自己的言行,控制自己的行为,创造一种良好的人际关系和激励环境,激发团体中人的主观能动性。

教师与学生在校园中的存在本来就是一对矛盾,具体来说,就是存在对立立场的关系,同时又对彼此的成长起到促进作用,但其实大家的最终目的都是一致的,都是为了成为社会上的栋梁之才。所以教师和学生是存在和谐共进的现实基础的。而以学生工作者为联系,教师与学生工作形成教育合力,可以用更人本主义的精神开展工作,进行思想政治教育。体育教师更应该与学习工作者合作。通过教师与学生两者之间的有效合作,能够使教育工作的开展更加科学、人性化,效率也会更高,这样的工作氛围对于"超额回报"的实现是起到非常有利的作用的。

在体育教育中,学生工作者,即学生的作用是非常强大的,这一点是不能忽视的,他们能够从学生的角度提出学生真正想学的内容,如果教师与学生之间能够形成积极有效的合作,那么,就能够使体育教学的效率大大提升,这不仅能提高学生与教师之间的情感维系,增加彼此的认同感和同理心,还能对校园环境的和谐发展起到积极的促进作用。

(四)使教育目标与个体发展得到有效兼顾

对于学校体育来说,人文关怀很重要,没有人文关怀的教育只能是僵硬的知识移植,没有人文关怀的教育是不可能使人产生心理上的触动的,体育教育更是不能将学生培养成做动作的机器人。

学校作为国家运动员的培养和输送基地,校园体育的发展不仅会对体育事业的发展产生重要影响,还会对运动员的可持续发展产生很大影响。体育的教育功能非常重要,不可忽视,因为体育不仅教会学生特定的运动技能,还能锻炼学生的身体素质,增强学生的意志品质,激发学生的爱国热情和民族精神,教会学生团结协作,养成守规则的习惯,培养学生成为有担当、敢负责、能吃苦的社会主义的建设者。学校体育,一定要在人文主义的指导下,遵循以人为本的宗旨,以学生的综合素质发展为目标。注重人文关怀的教育是与素质教育发展规律相符的科学教育方式,对人文关怀的重视也在一定程度上反映出了社会的进步。可以说,只有从人文关怀的角度出发,才能培养出"身心兼修、魂魄并铸"的人。

第六章 现代体育教学文化功能实现与应用反思

体育教学具有教书育人的功能,这也就从侧面反映出了其文化方面的功能。培养出德才兼备的学生,是教育教学的主要目标,而这对于体育教学也是适用的。当前,体育已经逐渐形成了一种文化形式,即体育文化,这在体育教学中是随处可以得到体现的。本章主要对当前文化语境中体育教学理念诉求、体育教学文化功能体现与实现路径,以及体育教学改革实践中的文化反思进行分析和阐述,由此,能够全面且深入地了解和认识体育教学的文化功能。

第一节 当前文化语境中体育教学理念诉求

体育教学中包含的理念,主要体现在教学价值、教学目的以及人的发展几个方面,结合当前的文化语境,可以将体育教学理念诉求大致归纳为以下几个方面。

一、体育教学价值理念的文化逻辑

(一)受传统文化的影响,体育教学价值认识上存在缺失

随着社会和教育的发展,当封建文化成为社会发展的羁绊时,其教育价值理念包括体育教学价值理念就必然存在发展的误

第六章 现代体育教学文化功能实现与应用反思

区,这些会对体育教学的发展产生一定的制约作用。

随着社会的不断发展,人们对生活质量的追求日益提高,而与此同时,社会对人才的发展要求也越来越倾向全面、综合。在这种文化背景下,传统文化影响下的体育教学价值理念指导的体育教学存在的弊端就逐渐显现了出来,这也是人们对传统体育教学进行批判和反思的主要原因所在。

中国的封建文化及一些不良的传统观念在很长的时期内都处于统治地位,直至现当代,对体育管理者、普通大众、体育教师的思想意识和行为规范都产生了非常深远的影响,并且已经融入其中。特别是一些带有封建主义烙印的文化意识,对中国学校体育改革与发展产生了非常大的阻碍作用。就是在现代社会,这种落后的文化意识的影响力也没有被彻底消除,仍然存在于日常生活中,体育教学也不例外。因此,这就要求我们批判与反思中国传统文化中的不良因素及其影响下的民族传统文化保守心理,使人们打破传统观念束缚,真正认识到影响现代体育教学改革的传统顽疾,转变体育教学价值理念。

关于中国传统文化对中国体育教学价值理念的影响,主要体现在封建礼教的"三纲五常"等,这些传统伦理道德观念体现在体育教学之中,就表现出了体育实践活动中顺从权威、畏手畏脚、不善竞争的消极人格,个体隶属群体,忽视个性的张扬和发挥。因此,这些与现代体育教学价值理念大相径庭,它禁锢了人们的思想,缺乏改革和创新意识,使中国体育教学在人和社会发展的价值提升方面的改革和创新进程缓慢,步履蹒跚。当代体育教学还受中国传统教育观念的影响。较为典型的有儒家"动养生",道家"静养生",这些思想与现代体育教学的发展方向有相通之处,但直觉思维方式的培养导致学生缺乏以理性的方式来观察、理解和把握学校现代体育教学,在教学实践当中缺乏自我反思和判断能力,习惯按照教师的安排进行活动和学习,缺乏主动性和自主性。

需要强调的是,传统文化对体育教学价值理念的影响并非都是消极的,也有积极的方面,比如,"尊师重教""礼让谦恭"等在体育的实践当中就需要发扬光大,同时中华民族传统体育文化的精髓对我国体育教学内容和体育教学价值理念均有积极的影响,可与西方体育文化互溶互补,对现代体育教学的发展和提高起到了促进作用。

(二)受现代文化影响,体育教学价值理念上存在失衡的情况

社会对体育的要求表现在增强体质、促进国民健康发展等方面,但是当前现代文化主导下的学校教育的现实则是,体育教学所赋予的价值理念并非能如人们所愿。导致这一现象的主要原因在于当前的文化意识对政策制定者、体育教育管理者以及体育教学相关主体的意识形态的影响将是潜移默化和力量巨大的。

之前,我国体育教学基本上没有重视教育中的个体价值。德育、智育、体育三者在教育中的价值对比中,体育始终被强调"第一",但实际情况则是处于弱势地位的,所以,这就导致尽管体育教学强调以国家社会为价值主体,但是所取得的成效并不理想,国民的体质健康状况仍然较低,也应充分彰显出体育教学在培养学生的社会主义道德品质方面的价值。

当前,基于国际教育背景和国家教育现实需要,同时对国外体育教学理念和成功改革的经验进行借鉴,不断促使着体育课程与教学改革持续进行。当前文化形态下的体育教学价值取向存在着失衡或迷失的困境。其中原因之一就是传统型文化、现代性文化及后现代文化混杂的文化多面体影响。关于中国传统的封建文化所产生的影响,上面已经阐述了,不再赘述。现代文化使人们意识到现代性文化的弊端和中国传统文化的后现代优势,从而混淆和迷惑着处在社会转型期的中国体育教学领域的相关学者、专家、教师和普通大众的价值取向。因此,现在中国体育教学出现了这样的状况,新一轮体育课程与教学改革是全新、彻底与美好的,它存在着是否适应当前文化、社会以及我国教育实情的质疑。

第六章　现代体育教学文化功能实现与应用反思

当前,很多体育教师、学者对新课改冠以各种教学理念,如"健康第一、素质教育、终身体育、全面教育、快乐体育、自然体育"等,然后对其进行实证研究和推广。在这些研究中,可以看出很多体育教师、学者对当前体育教学价值理念的认识和把握处于迷失阶段,由此可以断定,现实中体育教学理念与结果之间的偏差是比想象中要大一些的。最后需要强调的是,在体育课程与教学改革中,盲目引进或移植国外体育教学思想,造成异化国外体育教学理念本来面目,而又使中国体育教师在探索与实践中存在"水土不服"以及文化冲突带来的茫然和错误操作,这是不可避免的。而为了改善这一现状,就需要从眼前着手,借鉴国外先进教育理念,不断完善中国体育教学的途径,但是需要注意的是,一定要高度重视研究此理念所产生的文化背景和政治、经济以及制度等环境,这样才能更加有效地为我国体育教学改革服务。

(三)当前文化语境下体育教学价值理念的应然逻辑

当前中国体育教学价值理念或许存在着一些理性的因素,但是,这也不能掩盖现代性文化主导下应然的价值理念仍然没有深入人心,当前实然的教育结果与理念之间存在着偏差,社会、个人的体育教育价值需求都未得到相应的满足,让人感觉颇为无奈。

确实,在当前文化形态中的各种文化因素的关系没有得到有效的调试,并且处于较为合理且恰当的位置,现代性文化的理性价值的迷失与多种文化因素有着繁杂的关系,要想厘清当前体育教学价值理念的应然价值取向困难不小。接下来针对当前文化背景下中国体育教学价值理念的应然逻辑,从以下几个方面着手来进行分析。

1. 以文化意识为源头和逻辑起点

文化意识所具有的导引体育教学价值理念的功能,也会因文化自身的内在矛盾而受到一定的影响。当前的文化意识形态,对当前的体育教学价值理念起到重要的引导甚至决定性的影响,当前文化意识是人们认识体育教学价值理念的逻辑起点。

2. 社会发展阶段及其经济发展水平产生制约作用

社会在不同的时期,所表现出的发展特征是有差别的,那一时期的经济发展水平也会不同,这些都从根本上决定了当时人们的主导思想、文化观念、价值形态、生活需求倾向等各方面,当时历史阶段人们的体育观、体育教学价值理念也是各不相同的。但是社会发展阶段与经济发展并不是一一对应的关系,即相同的社会发展阶段,其社会经济发展也不一定相同。所以不同国家、不同社会发展阶段,其所形成的文化意识形态、社会经济发展水平也是不同的,这也就进一步决定了人们的生活方式的差异性,人们对体育的重视程度的差异性,也正是因为如此,学校教育中表现出的体育教学及其满足学习主体需要的价值也会不同,自然其体育教学价值理念也存在较大差异。

3. 主体发生由社会向学生的转变

在很长的一段时间内,我国的体育教学以社会需要为本位,这种价值取向存在着一些不足和缺点,比如,体育教学的发展只将社会利益与需要作为关注的重点,却忽略了个性需求和个体发展;只强调体育教学中个体对社会所应履行的身体教育的义务,而将个体在体育教学中所应有的权利忽视掉了。导致这一现状的原因有很多,其中之一是我国传统文化及我国现行的教育体制的影响。这就要求学校教育理念在变化的同时,要不断推进体育教学改革,使其能够从满足社会向满足学生个人需求转变,"以人为本"的体育教学价值理念逐步形成。

(四)体育教学的关注重点由关注生物性价值向社会性价值转变

一直以来,我国教育的终极目标都是培养德、智、体全面发展的人才。"体"指的是体质增强、身体健康,这也就是所谓的体育教学的生物性价值倾向。但是体育教学的价值是多元的,并非仅仅包括生物性价值生理层面,社会性价值心理层面和社会层面也都属于其价值的范畴。之前,教师在体育教学中往往将运动负荷、运动强度、心率变化、身体素质指标等作为关注的重点,而当前,新的体育教学开始逐渐将心理健康、社会发展、体育道德精神的培养作为关注的重点,这也标志着其正从体育教学理论领域开始走向实践探索。

二、体育教学目的理念的文化追寻

体育教学目的既是体育教学理论研究的核心所在,也是体育教学实践活动中的基本问题之一,它是体育教学价值理念的集中体现,反映了体育的功能。体育教学目的理念受到社会文化意识、各个时代和国家不同的教育方针、教育思想的影响。

体育教学目的是人们设立体育学科和实施体育教学的行为意图与初衷,也是贯穿整个体育教学的指导思想。

随着社会的进步和经济的发展,现代性文化逐渐成为社会发展的主流文化,体育在中国社会和教育发展以及人们日常生活中的重要性不断得到提升。与此同时在西方人本教育哲学思想的影响下,中国体育教学领域先后出现了成功体育、快乐体育、终身体育、素质教育、以人为本等教学理念,体育教学的人文价值观正逐步取代生物价值观,进而逐步实现体育教学应然的目的观。

然而现代性理性文化带给中国体育教学个人本位教学目的理念的同时,由于受其影响,我国建国后教育领域形成的科学主义思想的盛行对体育教学也带来了负面影响。因此,这就要求在当前文化语境中,体育人不能只让自身走出狭隘体育教学价值和目的认识,还要注重体育及体育教学价值和目的的理念的研究、改革、推广。

后来,我国提出了一些全面促进素质教育的指导思想,比如"健康第一",这为切实加强学校体育工作、使学生掌握基本的运动技能、养成坚持锻炼身体的良好习惯提供了科学的指导。当前,

"健康第一"已经成为指导思想和课程标准实施的基本理念。虽然"健康第一"的理念在实施过程中丰富和充实了学校体育的内涵,巩固了学校体育的地位,对学校体育的发展起到了积极的促进作用,但是,仍然存在着一些还值得反思的问题和商榷的地方。比如,新体育课程与教学改革构建了以"健康第一"目的理念为指导的体育教学目标体系。尽管如此,也不能掩盖"健康第一"理念窄化了学校体育教学的功能的现实。除此之外,健康教育思想史也给我们一些重要提示,比如,之前是从思想上和理论上研究体育对健康起促进作用,到了现代,在科学技术的推动下,平等与民主思想的进步,健康的内涵和外延发生了根本性的变化。"健康"理念在人与社会之间的相互关系中占有重要地位,在构建大健康观生理、心理、社会适应、道德等的同时将尊重人、尊重人的生命作为最高价值,确立民主健康观。

研究发现,中国体育教学在认识、选择价值理念并以此来确认体育教学目的理念的过程中掺杂了理性的研究、先进的借鉴和偏激的改革。随着社会的发展,在现代性文化逐渐成为主流的情况下,释放人性、关注人心的生命化教学价值理念正在成为当前教育界极力推崇和追寻的。

三、体育教学中人的发展理念的文化归依

在教育领域,人的发展概念是隶属于教育的发展概念之中的。这里所讨论的是学校教育范畴内体育教学的人的发展理念问题,因此人的发展理念与先前讨论的教学价值和教学目的理念均属学校教育活动内的本体问题。

在体育教学领域谈人的发展理念,进行文化哲学深思,具有特殊意义。在体育教学研究中,学生的全面发展、学生的主体性、学生的地位和素质的变化通常是谈论最多的,可见其受重视程度是比较高的,但是在对体育教师的关注以及从人的发展理念的视角来关注体育教师的发展方面是较为欠缺的。换言之,在体育教

第六章 现代体育教学文化功能实现与应用反思

学中应首先思考作为教师的人的发展问题,然后在此前提下来探讨学生的发展。人的发展需要以其所处的当下境遇为基点来进行。通过分析,可以将当下的情形归纳为,由于受到传统封建思想、文化的影响,我们的文化形态中深层的文化价值意识与西方现代性文化精神之间有着非常大的差别,教师在社会文化意识形态中所处的地位是非常崇高的,但是在实践教育活动中却与之有着非常大的差距,其在社会上的认可程度越来越低。在此环境中,体育教师的境遇更是令人心痛。作为教育重要组成部分的体育,要秉承教育发展中人的全面发展理念,担负起体育在人的全面自由发展责任,一致坚持遵循对人的全面自由发展的理想追求。[1] 当前体育教学不管是在理论方面还是实践中,都仍然存在着很多的不足和欠缺之处,还需要进一步促进改革的实施,以保证其进一步的发展,所有这些,都需要理想和理念的引导和推动,缺少积极的理想和理念支持,仅以体育来论体育,只将体育的基本功能和价值发挥出来,那么最终导致的结果,只能是体育在学校教育中的异化。

人的发展理念,是在其所处的大的文化环境中,通过不断汲取与内化先进文化而逐渐形成的一种内在思想。

首先,从当前体育教学研究现状来看,所有学者、教师的研究都将教法、学法等的学理研讨作为关注和研究的重点,而体育教师的发展研究则成为冷门。

其次,从体育教学实践中,针对体育教师与学生存在的人的发展现状,从知识掌握的片面及社会认知的偏差两方面进行反思。在知识掌握的片面上,在当前的文化形态和教育体制下,我国体育教学实质上沿袭的仍是知识掌握的单一向度,即运动技术的传习和体育基础理论知识的讲授。在社会认知偏差方面,对于体育教学而言,其中人的完整发展不只包括对体育世界的认知,更应该包括对社会世界的认知。但是在体育教学实践中,体育教

---

[1] 姜志明. 中国体育教学的文化反思[D]. 北京体育大学, 2009.

师存在着程度不一的社会认知偏差。

总的来说,人的发展这一核心教学理念在上述体育教学研究以及体育教师与学生的发展中存在的诸多矛盾和偏颇,导致这一现象的主要原因是,我们对当前文化形态的真实情况还没有真正理解,体育教学理念与文化的转变还不相适应,即与当前文化存有冲突和误读。当前我国社会发展刚刚迈入现代化之门,现代化的经济、文化根基远未牢固,此时传统文化中的精华如奉献精神、克己奉公等思想意识就草草盲目舍弃,而传统文化中影响现代化进程的消极思想意识却挥之不去,进而对现代性文化的核心,如独立理性、科学民主等精神信念的启蒙与传播产生相应的一些影响。在这种情形下,体育教学在人的发展理念中就只强调知识和技术技能的学习和传递,而忽视社会认知的发展,这显然不能全面凸显体育教学的价值,更不能满足我国当前文化基础上的社会教育发展需求,体育教学也必然会遭到轻视和排挤。

文化作为一切价值之源,为当下教育以及体育教学中人的发展理念提供一种价值尺度,从而使其作为评判现实体育教学中人的发展的状况优劣或程度高低的依据,其在这一点上所起到的作用是毋庸置疑的。新世纪新体育课程与教学改革已经认识到并开始注重人的发展在课程与教学中的指导意义,这也与国内社会政治、经济、文化、生活方式的变迁对人的素质发展的要求密切相关。

由此可以总结为,人的发展是体育教学的终极目的,可以通过教育的本体目的的实现来加以衡量和评价,而教育本体目的的实现又以人的生存和发展水平为效益尺度。因此,这所有尺度的价值之源,都在教育的母体——文化之中,体育教学的人的发展理念及终极尺度源于文化、归依于文化。

第二节 体育教学文化功能体现

关于体育教学文化的功能体现,可以从其品格属性和育人机制上入手来进行阐述。

一、体育教学文化品格属性

(一)行为文化品格

体育行为文化介于学校体育物质文化与体育精神文化之间,是连接两者的纽带,是学校体育文化的载体,以体育运动为核心,是这一过程中行为主体所反映出来的精神状态、行为操守和文化品位的总和。从某种程度上来说,体育行为文化能够将一个学校的活力体现出来,可以将其纳入到动态文化的范畴中。

体育教学中的行为文化与参与教学的主体之间有着密不可分的联系。因此,根据体育教学主体的不同,可以将其分为以下两个方面。

1. 体育教学主体的行为文化

体育教学的主体主要是学生和教师,这里就以这两个方面来研究相应的行为文化。

(1)学生行为文化

在体育教学中,学生行为文化就是体育教学活动或体育锻炼过程中表现出来的行为方式的总和,学生体育运动的习惯、体育活动的质量与体育流向等因素都属于这一范畴。

(2)教师行为文化

教师行为文化本身是人类文化的一个分支,同时也是一种职业文化。体育教学中的教师行为文化是教师在体育教学实践活动中的行为方式的总和,教师在体育教学中起着主导作用,教师的教学行为会对体育教学的质量与效果产生直接的决定性作用。

2. 宏观层面上的学校行为文化

体育教学的顺利展开与学校的支持是不可分割的,所以体育教学中的行为文化与学校行为文化两者之间的关系非常密切,相互影响且不可分割。宏观层面上的学校行为文化涉及的内容非常广泛且非常丰富,主要包括学校学生体质达标率、学生体育课的总体出勤率、学生参加体育锻炼的总体情况、学校体育社团建设的情况等。学校体育行为文化的相互影响、折射与融合,进一步丰富和充实了学校行为文化,同时也对学校体育文化的建设起到了积极的推动作用。

(二)精神文化品格

体育精神是对体育教学更高层次的追求,但是当今的体育教学往往都将教学中主体的精神文化的追求忽略掉了。体育的精神品质呈现出立体化、多元化的特点,可以从人文精神、拼搏精神、合作精神和科学精神四个方面来得以体现。

1. 体育教学的人文精神

体育教学中的人文精神,实际上就是坚持以人为本的发展理念,以人为重要尺度,维护人的价值与尊严,通过体育教学实践活动来促进人的全面和谐发展,并形成理解人、关心人、尊重人和认可人的价值品质。

自古以来,随着中国体育的产生、发展和演变,逐渐孕育出了人文精神文化这一文化形态,其中也涉及到关注人的自身长寿的养生思想。可以说,人文精神是人类文化的内核,贯穿体育教学的整个过程,它的存在也在一定程度上丰富和充实了体育精神文化建设的内涵。

学生作为体育教学实践活动中的主体与对象,其本质属性是人,这一本质属性是体育教学的逻辑起点。体育是人的活力、社交、模仿得以维系的重要因素。在体育教学过程中,集体项目需要团队的配合与合作,某一个体的高超技艺在这其中只是一部分,其不会对最终的成绩产生决定性的影响,而能起到决定性影响的是团队成员之间的信任、理解与合作,这就是在体育教学过程中培养学生理解人、关心人、尊重人和认可人的价值品质的过程,也是体育教学中对人的关注,注重培养人文精神的一面。

2. 体育教学的拼搏精神

体育教学中的拼搏精神,实际上就是在体育实践活动中的竞争与进取品质。当今社会发展迅猛,时代性特征非常显著,在这样的社会环境中,发展与超越就成为了主旋律,同样地,这也就对社会成员提出了更高的要求,比如"更高、更快、更强"。体育教学实践活动的开展,能够使学生不断挑战自我、超越自我,树立起顽强拼搏的民族精神,作为学生开拓进取、共同奋进的深层动力。体育教学实践中包含了丰富的拼搏精神,如通过长跑锻炼学生的意志,鼓励学生不断拼搏奋斗。同时,还有一些表现出色的运动员,其艰苦奋斗、顽强拼搏的事例也会以榜样的形式对学生起到激励作用。

教会学生拼搏进取是体育教学的重要内容,教师要善于抓住教学中的时机,鼓励学生,让学生在困难面前不退缩,学会坚持,学会进取。体育精神并不是对第一名的执念,而是拼搏过程中不放弃、不气馁的顽强精神。拼搏精神是体育运动所要传递的最重要的正能量,正因为如此,才让体育运动焕发光彩并更具魅力。因此,这就要求教师在体育教学过程中,要有效提升学生的精神品质,让学生理解坚持的意义,并体会到顽强拼搏之后的成就感。

3. 体育教学的合作精神

合作、协同与共赢成为 21 世纪人与人之间建立的新的伙伴关系。对于体育教学来说,实现个人主义文化向合作文化转型是教育教学改革取得成功的关键所在,甚至起到决定性的影响。

体育教学包含的运动项目种类繁多,其中的集体类项目,在培养学生的合作精神和团队意识方面有着得天独厚的优势。如球类项目、团体操项目等,在集体活动中强调集体的配合与合作,使学生对合作的重要性有所了解和认识。合作学习是实施体育教学、改善教和学的合理方式,其所起到的作用主要体现在对学生积极互动的促进,从而使教学目标得以达成。

体育教学中的"大合作观",就是在体育教学系统中,将其开放性、双向性、多渠道性的特点充分展现出来,同时,通过教学过程中主体之间的多维主体互动与合作,来促使体育教学的"大合作观"得以形成。在体育教学中形成这种合作的理念,能有效促进参与主体的双赢局面,从而有效实现利益的最大化。

4.体育教学的科学精神

体育教学实践活动中,除了上述几种精神外,还有科学精神。科学精神主要取决于科学性质,强调用实事求是的态度尊重事物发展的客观规律,并具有严格的逻辑性、精确性、系统性的实践特征,会对人们正确认识客观世界产生重要的精神助推力。

科学精神在体育教学过程中是随处可见的,比如宏观上体育比赛中战略战术的选择,微观上运动时间长短的控制,这些方面都能够体现出一定的科学性。

这里需要强调的是,体育教学过程中所呈现的人文精神和科学精神两者之间的关系并不矛盾,具体分析,人文精神对"人"的价值与自我实现进行了重点关注;科学精神在于遵循事物或者人发展的客观规律,强调的是实事求是。可以说,在体育教学中,人文精神与科学精神相互依存,相互促进,体育教学实践脱离了人文精神将走向"唯科学是图"的极端,而脱离了科学精神又将导致体育教学的失衡与异化,因此,必须同时遵循着两种精神文化。

(三)民族文化品格

民族文化是在各民族自身社会环境、政治经济、地理等多重因素影响下而形成的,是各民族智慧的结晶。民族文化是各民族重要的文化符号,是本民族人民的向心力。异彩纷呈的民族文化是由多方面的因素构成的,民族体育文化就是其中之一。民族体育文化是以地域和民族文化为背景的,民族风格和地方民族特色浓郁。

体育运动的产生、发展、传承,都会受到相应的民族传统文化的影响和制约,两者之间关系密切。就教育教学活动的意义而言,体育教学应当尊重并发扬民族文化。体育教学中,民族文化表现出显著的多元性特点,比如内容、形式等方面,各民族各具特色的体育活动项目丰富了我国的民族文化,同时也为当地学校体育教学提供了一定的借鉴与参考。体育教学的作用还体现在民族文化的传承上。在教学实践活动中,很多少数民族传统体育由于所处地域相对比较封闭,与经济发达地区的距离较远,体育运动所需的基础设施和场地方面得不到有效的支持,导致一些运动项目逐渐走向或者已经走向消亡,对此,就需要体育教学在这方面提供一定的支持,将那些可能会面临失传的民族体育活动积极纳入到教学内容中,在较好地保护和挽救即将消亡的民族传统体育运动之余,也使民族体育文化精髓得到延伸。

除此之外,体育教学在民族文化的发展上也有突出的贡献。并不是所有的民族传统体育运动都是及其科学、规范的,其中不乏一些不健康、不科学、不规范的成分,有的缺乏完整的体系,这些都会对民族体育项目的传播与发展产生制约甚至阻碍作用。鉴于此,就需要体育教学在实施过程中不断剖析和研究这些民族传统体育项目,从中发现那些不科学、不规范的成分,并且将其剔除出体育教学的内容范围,只对其中健康、规范的部分加以传授和传承。

二、体育教学的文化育人机制

文化育人的机制在体育教学中的地位是非常重要的,体育教学应将其文化育人的功能充分发挥出来,形成教学过程中的"文化场",以便对学生产生潜移默化的影响,同时,通过强大的文化育人机制来促进学校精神、情感、制度、环境、实践等方面的全面发展。

体育教学的文化育人机制主要有以下几种。

(一)强调引导教育的精神育人机制

在体育教学的课堂中,专制式的课堂管理尤为盛行,但是专制式的管理方式会压制教学的自由,禁锢学生的个性发展。在这样的情况下,就需要体育教学文化通过精神育人来实现教学的目标与内容,因此,体育教学文化精神育人机制要通过引导教育来使精神层面的育人成效得以实现。

引导教育,实质上就是在尊重学生身体发展的规律的基础上,采用民主的管理方式对学生进行积极的引导,使其明确自己应该做和不应该做的事情,同时,使学生的精神世界更加开阔,精神视野也得到有效拓展,熏陶、浸润学生的思想和行为,促使学生形成健全的人格。通常情况下,体育教学文化会借助于情感方式的引导、兴趣爱好的引导、心理素质的引导、合理评价的引导这四种方式来达到精神育人的效果。

(二)注重渗透教育的环境育人机制

体育教学文化的育人环境在实施渗透教育过程中,需要遵循一定的原则,这样才能保证其良好的教育效果。

第一,主体性原则。学生作为体育教学中的重要主体之一,他们对外界环境的适应能力已经有了一定的基础。因此,教师在对学生进行引导时,要通过体育教学文化塑造适合学生的物质环境来进行。

第二,全面性原则。现代社会发展对后备人才的要求之一就是全面,全面型人才是学校教育的宗旨和目标,体育教学作为学校教育的组成部分要始终以培养全面发展的人为核心,将全体学生的综合发展与每位学生的个性发展有机结合起来,创造出适宜的环境氛围,为不同的学生提供形态各异的时空环境,促进学生的全面和谐发展。

第三,发展性原则。学生是处于不断的发展变化状态中的,这在生理和心理上都有所体现,学生的日常行为会受到教师的教学活动的影响,因此,这就要求教师在掌握学生在不同时期的发展规律的基础上,来为学生营造富足的精神环境,从而使其获得良好的精神享受。

第四,互补原则。教育教学中用到的手段是多种多样的,通常都是综合其中的几种进行运用,因此,渗透教育只是其中之一,必须与其他的教学手段相结合,否则体育教学文化的渗透就会受到影响。

(三)强化激励教育的制度育人机制

目前,体育教学中的"制度管人""制度制人"等现象屡见不鲜,比如,教师会以"学生安全"为名义,"禁止""严禁""不准"学生做某件事情或某项运动,这样做尽管保证了学生的安全,但是失去了体育教学本质的功能。[1]因此,在实施制度育人时,一定要以学生为主要参照依据,采用激励教育的方式,摆脱传统的束缚,让制度将其引导与规范的育人功能在不知不觉中发挥出来,并对学生产生润物细无声的影响。一般来说,体育教学过程中为了达到制度育人的效果,采用的激励教育方法主要有两种:一种是表扬与批评的激励教学法。其中,表扬激励是正面激励的手段之一,常见的如教师在体育教学中采用口头表扬、物质奖励等对学生的行为表现给予认同与赞赏,这种激励方法的采用,能够使学生的参与意识增强,学习热情高涨,对于良好的师生关系的形成也有利。批评激励与表扬激励两者是相对的关系,"激将法"是教师在体育教学中常用的方法,由此能够从反面对学生起到激励作用,良好的效果是使学生能做到勇于挑战、战胜困难、超越自我,但是,这种激励方法也有其局限性,其只对一部分学生有用。

---

[1] 张丽蓉,刘洪伟,王永祥.体育教学的价值回归探索[M].北京:中国纺织出版社,2017.

另一种是成功与挫折的激励教学法。体育教学中也存在着一定的竞技成分,在竞赛过程中,学生能体会到胜利的喜悦,这种体验对学生有着显著的激励作用,从而进一步引发学生继续学习的兴趣。挫折激励是相对于成功激励而提出的激励方法。教师在运用挫折激励法时,首先要对学生的具体情况有全面且深入的了解,在运用时也要注意把握好分寸和尺度,避免对学生的勇气和自信心产生不良影响。

(四)倡导能力教育的实践育人机制

学生的成长环境不仅仅是学校,还有其之外更大范围的现实生活、社会活动,以及整个世界。使世界促进人的成长与发展的意义得以呈现,这就是实践育人的价值所在。实践育人强调的是学生在实践活动中的主动参与,其体现出的显著特征主要为实践性、开放性、综合性、学生主体性等,培养学生的实践能力和创新精神是其主要目标所在。实践能力的培养需要以能力为本,实践育人的本质就是通过实践教育活动帮助学生将通过理论教育获得的知识转化为能力。

体育教学中能力教育与素质教育具有相同的本质特征,素质是能力的基础,而能力则是素质的外在表现,这两者之间不存在矛盾冠词,只是同一个问题的两个不同侧面和不同表述。因此,体育教学中开展能力教育是体育教学实践育人的应有之义,能力教育在体育教学实践中要顺利实现,可以借助两种方法:一种是成绩记录教学法。这种教学法与传统体育教学法对成绩的重视有所不同,其重视的是学生的"自主性"能力。这种教学法要求学生必须具有较强的自主能力和自觉性,并且能够合理地评价自身的体能、素质等情况,发现自己在体育运动中的兴趣与爱好,提高学生在体育活动中的自我控制与自我协调能力。另一种是自我管理教学法。受传统的应试教育的长期影响,教师一直占据教学中的主动地位,而学生逐渐习惯了被动式的接受,这就导致学生的自主性被大大削弱。这样的教学方式会导致学生思想的禁锢,行为的麻木,不利于创新型人才的培养。自我管理教学法则能够使这种现象得到有效改善,其将学生体育能力的形成作为关注的重点,要求学生在获得体育技能的同时,也要学会自己管理自己。通过这种方法的采用,能够有效提高学生的自主学习能力和自我发展能力,削弱传统教学中应试思维对体育教学的影响。

(五)重视人文教育的情感育人机制

越来越多的教育机构和教育管理者开始关注情感育人机制,因为其是一种新型的教育管理机制和管理范式。情感育人已经被广泛应用于现代学校管理与教学中了。

通常情况下,情感育人机制的育人成效,往往是通过人文教育的途径得以实现的,人文关怀依托于情感,而这正好被用来完善教育教学的过程。因此,体育教学中以人文教育为手段构建的情感育人机制在让教师尊重学生的本性,用人文的方式去对待学生、理解学生、关怀学生方面会更加容易,"濡化"与"涵化"两种途径的运用,能够有效促进情感育人机制的开展。其中,濡化是对传统文化的一种传承方式,文化的连贯性与延续性的保持就是濡化途径显著作用的一种体现。

第三节 体育教学文化功能实现的路径

一、改革创新体育教学理念

(一)重新体现体育教学的文化意蕴

1. 人文特征方面举措

首先,体育教学活动能使学生获得身体健康性与体验性的益处,这就对身体文化与审美文化的双向调试起到了推动作用。身体健康性与体验性能够以外在的形式将身体文化表现出来。人类在自身文化的探索过程中,首先对体育教学活动的首要目的进行了强调,即促进学生的身体健康。同时,也对体育教学活动在协调学生自身的心理健康水平及社会适应能力方面的作用进行了强调。这必然要使用科学的体育健康知识和体育锻炼方法,且需要体育文化的支撑。然后,学生通过自身的身体练习与体力发展,利用自我的感性体验能力,完成对自我身体认知的特殊体验过程。通过将身体向健康美的标准推进以及通过身体锻炼而获得愉悦身心的美感体验,再加上通过身体文化与审美文化的双向调试,都能够对体育教学文化意蕴的返现起到积极的推动作用。

其次,以体育教育活动自身游戏性与自由性魅力彰显来为行为文化与生命文化的有效结合提供所需的推动力。活动的游戏性与自由性能够同时在体育教学活动的娱乐性魅力上得到体现。体育教学活动的游戏性与自由性具有内在的相关性,在通常情况下,游戏性与自由性是体育教学活动特性的同一表征。通过体育教学活动使学生将自身的一系列多余的精力,或一些负面的情绪充分释放出来,通过体力的消耗,达到身心的完美结合,从而引领他们领悟生命的完整性,这也充分体现出了体育文化的魅力,也同时将体育文化自身的生命力与体育文化主体生命的律动性充分体现了出来。

最后,体育教学活动也能有效促进体育精神的生成与创造,从而进一步推动精神文化与身体文化的有效连接。体育教学对学生内隐精神世界的塑造在一定程度上也体现出了体育教学文化。

2. 文化形态方面举措

首先,借助于精心组织的体育活动,来对群体间交流合作的文化意蕴进行有效的催生。教师可以精心组织有意义的体育教育活动,以此来起到有效促进学生群体之间的多项交流与合作的作用。

其次,借助于体育教学这一载体来为体育文化的广泛传承提供助推力。文化传承具有承前启后的功能,其能够对体育教学与社会生活、现代体育的动态连接起到促进作用;文化传播具有增殖活化的意义,这主要体现在文化的产生、扩展与延伸上;文化传递的主要作用则是加强整体效能的充分发挥,维系纵向知识系与横向方法系之间的有效联结。由此可以看出,在体育教学中将这几个方面的作用充分发挥出来,不仅能够使体育教学中的学生获得相应的机能,还能超越技能本身的技术理性而实现体育知识与体育精神文化的传播、传递与传承。

(二)协调体育教学的文化价值冲突

1. 协调对中西方文化在体育理念上的冲突

一直以来,中国传统文化与西方文化的迥异成为了导致东西方体育教学理念差异的根本性原因,受此影响,现代体育的课堂教学理念在传统文化和有关养生观念以及西方的有关人文观念方面都是较为欠缺的,因此,这就导致无法继承与弘扬东西方的优秀文化。所以,体育教学在理念的提炼与升华过程中,首先要做的是对东方文化的高度认同,大力弘扬中华优秀传统文化,从东方文明中汲取优秀的成果,在保证本国文化形态不受影响、不发生改变的情况下,可以对西方文明的冲击进行客观、针对性的分析,寻找两种文化形态之间的共同点,使文化价值的差异与冲突问题能够得到妥善解决,顺利实现体育教学文化在中国传统文化的人文精粹与西方实用主义技能技术的有效结合。

2. 协调个人取向与社会取向在体育价值上的冲突

个人本位与社会本位的教育价值观念,是个人取向与社会取向的体育教学理念之间发生冲突的主要原因,而且这两种取向会因为层面或者其他因素的不同而形成不可调和的态势。鉴于此,就要求体育教学应以学生为本,"以学定教""以学立教""以学促教",共同实现社会与个人的双重取向。

3. 协调生物性与社会性价值在体育教学中的冲突

体育教学的生物性价值主要指的是生理层面,关注点主要放在学生生理方面的指标问题上;社会性价值指的主要是心理层面和社会层面,关注点放在学生的心理健康、社会发展、体育精神的培养等方面。对于现代体育教学来说,需要从生物性价值逐渐转向社会性价值,在提高学生的运动能力与体能的同时,增强学生对体育锻炼的愉悦体验,为学生一生的发展奠定良好的健康基础与心理能力。

二、重新树立体育教学目标

(一)体育文化目标的具体化与行为化

1. 掌握体育文化教学目标的具体化与行为化方式

教师在体育教学活动中将总目标、总任务具体化分为目标、小单元,就能够使学生明确教学目标,同时,也能明确需要怎么样做才能有效实现教学目标。一般来说,具体化体育课堂的教学目标由三个途径来呈现:第一,对体育的课堂教学目标进行分析与分解,这对于从整体上揭示与解释体育教学目标是有利的;第二,对体育教学目标进行分解;第三,对体育教学目标进行分类。

2. 实现体育教学目标具体化与系统化的相得益彰

对于体育教学目标来说,体育教学目标的系统化与具体化是使其得以实施的两种不同逻辑,系统化是"自下而上"地将无数小目标归入总体目标之中,使整个目标具有逻辑性与系统性,具体化则是"自上而下"地将总体目标分解为无数小目标,使整个目标具有可操作性与应用性。教学目标的系统化与具体化,要遵循适度原则,如果超出了正常的度量,不仅不会起到应有的作用,还会适得其反;同样的,如果过于具体化,则会导致教学目标过于零散,缺乏逻辑性与整体性,不易开展教学活动。因此,这就要求体育教学目标要兼顾具体化与系统化两个方面。

（二）将对教师和学生都适用的体育教学目标重新构建起来

体育教学目标的实现，是需要体育教学的主体——教师和学生双方统一起来才能完成的。但是，在现实的体育教学中，教学目标通常被窄化为教的目标，这就将教师教的目标放在了主体地位，而将学生学的目标弱化或者忽视掉了，这就会导致体育教学中教师权威的过度化，学生权利的部分流失，从而使教学活动中学生的参与热情度下降，迫使教师教的目标与学生学的目标之间无法达成一致。鉴于此，就要求体育教学目标中要重点关注教师与学生各自的行为，使教师和学生两者能够和谐共存于体育教学目标中，最终目标的实现也能体现出教师与学生两者的共同利益，某种程度上，这也是体育教学中对生命文化的再次回归，尊重教学中双方教与学的要求。要达到这一要求，需要教师和学生共同努力，具体来说，教师首先要将其具备的教学经验、知识储备及学习能力等优势充分发挥出来，从而对教学目标进行"二次开发"。从学生的角度上来说，其要依据自身的体能与兴趣，参照教师呈现的教学目标来将自己的学习目标制定出来。最后，则需要教师与学生将平等的对话机制建立起来。

三、体育教学内容的融通

（一）选择教学内容的依据要明确

教学内容的选择关系到教学目标的实现程度，是体育教学目标得以顺利实现的载体。因此，合理选择教学内容至关重要，尤其会对教师的教学实践产生重要作用。通常，在选择教学内容时，需要遵循"四三规律"。"四"：一致性原则、健身性原则、兴趣性原则及可行性原则。"三"：第一，是学生的身心发展特点，学生年龄的阶段性特征以及学生的兴趣、心理素质等个体差异；第二，是不同运动项目的有效迁移；第三，是要在体育教学实践中创新教学内容。

（二）对教学内容的结构组织加以重视

对于学校体育教学内容而言，其结构的样态以及学校体育教学等工作者对该内容结构的把握程度，在很大程度上影响着学校能否更好地实现体育教育文化整体功能。通常情况下，学校的体育教学内容的结构都相对比较复杂，这就会导致体育教学内容的结构化组织的实现得不到保证，从而进一步致使人们对体育教学的教育性与整体性认识的不足，造成体育教学培养"人"的片面性及单方面发展，因此，一定要对体育教学内容的结构组织加以重视，从两个方面入手，确保体育教学内容功能的发挥。一方面，是对教学内容结构层次的把握，体育教学内容的结构具有系统化、层次性、逻辑性等特点，一般可从四个角度对体育教学内容的结构进行整体性把握，即体育教学内容的整体性、本质功能、实践内容、目标。另一方面，是保持教学内容的整体性。体育教学内容作为文化传递的一种系统化组织形式，是相对完整的层次结构，它具有多方面的整体性。因此，为实现教学内容的整体性，这就要求在教学内容的选择上，要将那些能促进学生均衡发展的教学内容作为首选；然后要将那些能促进全体学生的发展，又能照顾到个体学生的差异发展的多元化、多样化的教学内容作为理想选择；还要对那些具有教育价值、教育理念的教学内容进行深入的挖掘和开发，催生教学的隐性内容并发挥其应有的教育功能。

四、体育教学评价的权变

（一）将具有超越技能的体育教学评价理念构建起来

体育教学评价理念的构建源于对体育教学价值的重新审视，具有超越技能的和具有文化传承功能的评价理念的构建是基于注重文化自觉这一基础来深挖其内涵丰富的文化价值才能实现

第六章 现代体育教学文化功能实现与应用反思

的。一般来说,体育教学评价理念需要将以下几对关系之间的统一做好:主观与客观的统一、静态与动态的统一、知识与能力的统一、评价者与被评价者的统一。

(二)有效扩展多元文化渗透的体育教学评价内容

当前的体育教学评价活动中,体育教学的多元文化品性要求现代的体育教学评价要相应地从孤立强调体育学科知识、动作技能的学习与体育素质的训练转向知、情、意、行等全面发展的综合评价追求,进而使体育教学里生命文化、民族文化、精神文化以及行为文化与审美文化的本真光彩得以绽放与彰显。这已经成为一种必然。体育教学内容应保持多元化、多样化的评价,这对于考核学生的学习掌握情况、其他教学过程中的隐性情况的评价都是非常有帮助的。

(三)通过多样化手段的运用来使体育教学评价的科学性得以提升

当前的体育教学评价方法的实际情况是忽略了从学生身心发展、生命成长方面来看待学生,这就导致了体育教学评价的方法在科学性、合理性方面较为欠缺。因此,体育课堂教学的评价活动特别要对其科学性和多样性的有机结合加以重视。具体来说,可以从三个方面入手。

第一,通过将自我评价与他人评价结合起来,来为主体合作文化的生成提供助推力。

第二,通过将定性与定量评价有机结合起来,使显、隐性文化品格的交融得以实现。

第三,通过全程搜集反馈信息,以此来对体育的教学评价起到积极的推进作用。

科学性、多样化的评价手段要求必须严格依据学生的身心发展、教学目标的需求以及体育教学内容的学科特点的差异性,将过程性评价与终结性评价、定性评价与定量评价、自我评价与他人评价等有机地结合起来,如此一来,一套具有科学性、人文性,并体现差异性特色的体育课堂教学评价体系才能得以构建起来,发挥其应有的作用。

五、体育教师队伍的建设

从当前的形势来看,加强体育教师教育专业化建设可以参照的标准主要是其今后的发展趋势,可以归纳为以下三个方面。

第一,进一步优化教师教育的学历结构。优化体育教师学历结构是实现教师队伍专业化的基础和保证。

第二,进一步提升体育教师的专业化水平。当前,社会的发展对教师提出了更高的要求,因此,体育教师的专业化水平越来越高已经成为一大趋势。鉴于此,必须加强体育教师教育科学方面的专业训练。

第三,进一步强化教师素质的养成。教师的教育专业素质包括教师的学科知识素养、教师的教育素质以及教师的专业服务精神三个方面。

第四节 体育教学改革实践中的文化反思

当前,体育教学改革的实践中仍然存在着一些问题和不足,比如,以城市和重点学校为背景,缺乏对农村和薄弱学校的关注;体育课程标准中的内容标准宽泛、不明确;理论储备不足,理论研究者与一线教师缺乏沟通,等等。鉴于此,就需要从不同的角度来进行分析,并提出相应的解决方案,而从文化方面进行反思是非常重要的一个着眼点。

要从文化的角度来对体育教学改革实践进行反思,首先要了解什么是文化适应性。关于文化适应的概念,理解和观点都不一致,但是在文化适应所解决的问题上是达成一致的,就是指在新一轮的体育课程与教学改革背景下,新的课程价值理念、内容与结构、评价方式、教学方法等一系列的改革措施所引发的体育教育文化的变迁,与原有的体育教育文化之间存在着巨大的矛盾、冲突、融合与转化。这里的文化适应包括的层面是不同的,不管是学校整体、体育教师和学生,还是家长的适应问题,都属于这一范畴。由于本次改革影响最大的是体育教师,因此这里就将体育教师的文化适应问题作为分析的重点来进行阐述。

一、教师从事课程改革缺乏时间和精力的支持

对于体育教师来说,其要进行教学实践,首先要学习和了解新的内容,因此,对文化的适应也是在了解的基础上实现的。将新课程文化所倡导的价值理念、行为方式有效地转化为教师切实的行动,就必须首先有时间和经历来研究、学习新课程,获得对新课程的深刻理解和把握。而这一切不仅需要参加专门的新课程通识培训、观摩学习公开课,更需要教师在日常的教学活动中,结合自己的教学实际,不断地学习、探索和反思。但是,对广大基层体育教师而言,基本上不会拥有自主支配的学习时间,再加上在新课程改革中,相关的理念和观点,学校只是下达相关的通知,具体的内容需要教师自己去学习和理解,这就导致了体育教师尴尬的处境。体育教师每天要不停地奔忙于各项工作,工作量与其他教师没有任何区别,上课环境也是最恶劣的,但是他们的课时费相较于其他学科的教师是要低很多的,其被关注的程度也非常低,因此,体育教师很难有时间、精力和动力去积极响应国家的新体育课程与教学改革。从客观上讲,缺乏时间和精力是制约体育教师对新课程文化学习、理解以及对自己实际教学进行认真研究和反思的重要原因。除了上述阐述的之外,这种缺乏时间的客观因素造成了教师主观上缺乏对新课改的情感投入,从而从心理疏远,甚至排斥新课程改革。

总的来说,要想改变,配套的完整的政策和措施是其实现改变的必要条件不可或缺;而要想改变,同时还必须有与新课程标准相适应的社会经济、政治、文化发展背景。光从教师入手,只能给教师带来负担,引起教师的厌倦和抵制。

二、体育教学资源无法满足所有学生的需求

新体育课程标准的基本理念之一是"以学生发展为中心,确保每一个学生受益"。从某种程度上来说,这一发展趋势具体是指追求教育教学的民主化、公平化和个性化,让每个接受教育的学生都能获得优质的教育资源,实现每个学生的最大化和最优化发展。鉴于此,就需要体育教师转变固有的教学观念和教学方式,增加体育课程资源,并对现有的班级规模进行控制和缩减。因为过大的班级规模不仅会对我国体育课程改革的有效开展和深入产生重要影响,还会增加教师的工作量和课堂教学的复杂性和困难度,对体育教师个性化、公平化教学的有效实现产生制约作用。

对于体育教学来说,课程资源的重要性不言而喻。体育设施资源对体育教学的开展起到重要的物质支撑作用,国家对学校的器材设备都有明文规定,但是,受区域经济发展极不平衡的影响,不同地区学校的体育场地和器材资源的差异性也是比较大的,这就严重影响了我国体育教学的公平化,同时,体育教学民主化的实现程度和质量也会因此而呈现出不同的状态。因此,当前国家采取了相关的措施来尽可能地解决体育设施资源的问题,在实施体育课程与教学改革的同时,应该在体育设施资源方面对弱势学校以及经济不发达地区的学校予以政策和财政支持。

三、体育教师的培训工作落实不到位

我国的体育教学改革采用的推行方式是自上而下,就是新课程的设计参与者是体育教学专家和学科专家等专业人员,并不是

第六章　现代体育教学文化功能实现与应用反思

体育教师,因此,要实现体育教师对课程改革的认同,就首先要通过各种方式和途径来让体育教师了解新课程改革的全方位内容。与此同时,新课程改革必然要对体育教师的专业素质提出更高的要求。促进体育教师的专业发展是保障新课程改革推行具有实效性的关键,这已经成为一种必然。

国家对体育教师的培训工作是非常重视的,将培训视为促进体育教师专业发展和保障新课程改革顺利实施的重要外部支持系统之一。并且从各个方面都作出了一定的努力,支持体育教学的培训工作,以此来使体育教学获得更加完善的培养和提升。比如,为体育教师搭建一个与专家、学者及同行之间进行相互对话、相互交流的平台;教育部制定了"先培训、后上岗,不培训,不上岗"的政策等。然而,这也只是理想状态,与现实的差距是非常显著的。体育教师培训与国家教育培训所制定的目标之间的差距非常大,这也就给许多体育教师造成一种印象,通过培训所学到的知识和获得的理念,对于自己实际教学的改进和提高是没有任何帮助的,反而为自己增加了许多烦恼和困惑。甚至有些体育教师认为,尽管参加了培训,但是自己还是对新课改有很多不理解的地方。具体来说,体育教师形成上述几种认识的原因主要有以下两个方面。

一方面,培训专家、学者对体育教师的需求没有切入实际的了解和关注,造成供给与需求相脱节。

另一方面,国家和各级教育行政部门有制度和政策规定,要求每个教师都应该参加有关新课程的培训。但是实际上,培训所针对的只是学校的骨干或者优秀教师,并不是所有的教师都有这个待遇。

四、教育制度制约着体育教学改革的推进

制度文化是物质文化和精神文化的重要保障,同样地,体育教学的相关教育制度,对新体育课程教学改革产生了重要的制约

甚至是阻碍作用。

调查发现,很多体育教师都支持国家的各种课程与教学改革,之所以见效甚微,与考试评价制度从未作根本性的改革有着根本上的联系,而这也是影响体育课程与教学改革最重要的客观因素。因此,对于体育教师而言,如果教育考评制度不改,体育课程与教学再改,一切都是空想,最后所取得的效果都会差强人意。

在当前全球文化背景下,不管是什么样的国家,要想在自我封闭中求得本国教育的最优化发展都是不可能的,而应该放眼世界,通过与发达国家的"先进"教育理论和文化进行交流与互动,才能谋求更大的发展动力和资源。不管是什么样的教育理论与经验都是特定社会文化的产物,因此,这就要求必须将所引进的理论放之于其文化脉络中加以考察和透析,发掘、理解和分析其所蕴含的特定文化价值内涵,以明确其与我国原有教育教学文化之间的差异,并在此基础上对其进行改造与修正,以使其能更好地为我们教师所接受和内化。急功近利的态度是不可取的,而是应该在原有教育文化传统基础上进行改革,做好继承与改革创新的关系。除此之外,在体育课程改革实践中,我们还应该积极加强与一线体育教师的交流与沟通,深入感知、体验体育教师真实、具体的日常教学、生活生命历程,真正理解教师的内心世界及其态度和行为。唯有如此,我们才能在新的体育课程与教学改革中加快新课程文化的重建,体育教师的文化适应力也会得到大大提升。

第七章　现代体育教学社会功能实现与应用拓展

体育教学,某种程度上来说,是一种社会活动,参与者都是社会人,有一定的社会角色,因此,这就赋予了体育教学显著的社会功能。体育教学的社会功能包含的内容是非常丰富的,因为体育教学与社会之间的关系是复杂的。本章首先对体育教学中的社会基本理论进行分析,接着,对社会功能中的生活功能、审美功能、终身体育功能的实现加以阐述,由此,来对现代体育教学的社会功能的实现及其具体的应用拓展有更加广泛的了解和认识。

第一节　体育教学中的社会基本理论

社会学的理论有很多,而要分析体育教学深层次的社会功能,首先需要对社会化理论、角色理论等理论有一个初步的了解。

一、社会化理论

社会化,简单来说,就是自然人逐渐转变成社会人的一个过程。这一过程是比较漫长的,在与社会的不断接触和互动中,自然人逐渐获得独具特色的个性和人格,并且能够在社会中有良好的适应反应。

对于个人来说,社会化所产生的作用和意义是非常显著的,这一点毋庸置疑。体育教学对学生社会化的作用可以从以下两个方面得到体现。

(一)文化内化

文化的范围很广,包含的内容也非常丰富,体育就是文化的一种。通常可以将其分为两个层面,即物质层面和精神层面。体育教师在体育教学的过程中,除了要将运动的基础理论知识、技术技能等传授给学生外,文化内容的传授更加重要,由此,能让学生对体育活动技术规范、道德规范和体育精神等有更深层次的理解,对于学生全面把握体育有积极影响。

(二)社会品质

体育教学是一个互动的过程,学生之间在遵守共同体育规则的活动中,个体可以形成自己的个性品质,并且可以不断进行调整。激烈竞争与团体合作意识、受挫和忍耐、应变与调整、责任与付出等都属于个性品质的范畴。

在体育教学中,教师可以对学生的竞争、合作、自尊、自信、抗挫、应变等社会生活需要的品质进行有意识的培养,与此同时,教师也应教会学生将这些品质迁移到社会及日常学习生活中,从而为以后适应社会生活做准备。

人的社会化过程,实际上就是其一生的写照,不同人生阶段的特点是不同的,与之相应的体育教学也应有自己阶段性的教学特点。

二、角色适应

"角色"是指个人在社会关系中处于特定社会地位,并符合社会期望的一套权利、义务和行为模式。[1]

在体育教学中,教师对学生要进行积极的引导和示范,使他

---

[1] 张丽蓉,刘洪伟,王永祥.体育教学的价值回归探索[M].北京:中国纺织出版社,2017.

们逐渐识别什么是适当、什么是不适当的角色。具体来说,首先要引导学生认识角色规范;然后,要通过对角色的运用,来将学生的内动力启动起来;除此之外,教师还要恰当处理角色冲突,从而对学生心理健康起到促进作用。

体育教学活动是一个教师与学生共同参与的双边活动,在这一活动中,教师和学生分别扮演着不同的角色。比如,教师在体育教学中要承担的角色主要有组织者、决策者、参与者、指导者等,这种社会角色的预演以及学生与学生之间各种练习的配合、协作、帮助,师生之间的形体语言等都是一个人际互动过程。学生的角色扮演,是不能独自进行的,需要在教师指导下才能按照既定的教学目标来扮演一定的角色,通过自己扮演的角色,能够适当调整自己的行为和认识,从而能使其与规则和环境的适应程度更高。

在体育活动中,不同的参与者都能从中找到"合适的角色",将自我的个性化更好地展现出来。这就促进了群体活动中的角色扮演的开展,如此对培养学生的团队精神、群体意识与协作能力是有利的,能够对适应社会的角色变化起到促进作用。

第二节 体育教学中生活功能的实现

一、体育教学生活化过程中存在的误区

(一)过于重视形式,忽略内涵

人们对体育教学"生活化"的理解通常较为倾向于表面,或者认识较为片面,这就导致许多生搬硬套和流于形式的现象产生,不仅不会取得应有的教学效果,还有可能让学生对体育教学的某些方面产生误解和偏见。因此,这就要求对生活化教学有全面且深入的了解与认识,并且将其与为生活而生活化、脱离运动

技术的教学严格区分开来,与此同时,也不能忽视了技能和体能的同时发展。

(二)体育教学生活化与学生实际之间出现偏差

体育教学的开展,是在充分了解和掌握学生这一主体的全部情况的基础上才能实现的,因此,就要求在体育教学中"对学生已有的学习经验进行准确预估,从而能有针对性地影响到学生在课堂上的学习情绪和学习状态。体育生活化教学在学习材料的运用上应尽可能地与学生的生活保持"零距离",这样才能引起学生的学习兴趣,达到预期的教学效果。但是,这种理想状态在实际的教学实践中是不存在的,并不是所有的教师都能够准确掌握体育教学生活化的内涵的,很多教师所追求的体育生活化的教学都是片面的,这就导致其与学生生活实际之间的偏差产生,从而造成教学实际与学生脱节,达不到预期的效果。

(三)体育教学生活化与简单的生活移植不是等同关系

最早的时候,体育是从日常的走、跑、跳等基本技能中发源而来的,因此,体育教学回归生活也是一种重要的发展趋势,这样能够有效塑造学生、发展学生热爱生活,其与简单地照搬生活场景,或者牵强附会地创设生活情境是有很大差别的。但是,仍然有一些教师为了追求生活化的教学,而不惜花费大量的人力、物力、财力照搬生活场景。尽管这样表面能够产生让人眼前"一亮"的效果,但是,这只能是形式上的"作秀",在平时上课中无法推广与借鉴。这些不恰当的创设情景使体育课的性质和教学性质变了味道,也使体育教学设计出现了肤浅化和幼稚化的倾向。因此,一定要将简单的生活移植与体育教学生活化从本质上区分开来,切忌混淆。

二、体育教学中生活功能的实现路径

通过上述对体育教学"生活化"的误区的分析,需要针对性地采取相应的方式来改变这种情况,具体可以采取的路径有以下几个方面。

(一)体育教学观念要更新

体育教学生活化实施需要具备一些重要前提,教师观念的转变就是其中之一。陶行知先生提出的"教学做合一",就为体育教学观念的转变提供了重要依据,具体来说,转变教学观念,就要求将"教"与"学"同"做"结合起来,同实际的生活活动结合起来,这是体育教师的众多职责之一。对于教师来说,其自身首先要将生活化的态度明确下来,端正教学定位,与学生之间保持良好的师生关系,双方能够做到平等地交流、沟通,教师要将学生的引导者和帮助者这一角色扮演好。

因此,在体育教学过程中,"健康第一""终身体育"的理念就成为体育教师重点关注的先进理念,在培养学生的过程中,高度重视其健康体育和终身体育意识,并且与学生校内外生活的需要以及学生个体差异的需要、学生未来社会职业特点的需要相结合,将教学内容、教学理念与生活紧密地联系在一起,通过不同的方式和角度来对学生把握体育的实质、充分展示自己的生活体验与体育经验、创造健康生活起到促进作用。

(二)体育教学目标生活化

在体育教学中,学生是始终处于主体地位的,所有体育教学活动的开展都是围绕这一中心来进行的。体育教学目标,就是增强学生体质,促进学生身心健康发展。而这些都与学生的现实生活有着密切联系。生活带给学生的不仅是生存状态和生活方式,在人文关怀、培养学生生活能力、激起他们自我关怀的热情方面往往也会产生相应的作用。因此,这就要求在确定体育教学目标时,必须以学生对已有生活的认识为立足点,在现实课堂生活的条件下进行。

(三)体育教学内容生活化

体育教学内容要与学生的特点和需求相适应,这是由学生在体育教学中的主体地位决定的。体育教学的课程改革的推进,对这一点进行了进一步的强调,同时,把兴趣作为体育教学的突破口,减少纯技术性的、缺乏生命力的内容,在学生平时熟悉的、喜欢的、贴近他们生活的内容方面有所增加。体育教学内容与学生的经验的贴合程度越高,与学生的现实生活联系的紧密程度也就越高,就越能将教学的价值体现出来。因此,体育教师在选择体育教学内容时,一定要将那些学生有较浓厚兴趣的、喜闻乐见的、技术性难度不是很大且能适应终身体育锻炼的运动项目作为最佳选择。

(四)体育学习方式生活化

在体育学习中,学生可以通过很多种途径来获取一定的知识和技能,教师的直接传授只是众多途径中的一种,除此之外,通过自己的活动去获得、去体验知识技能,成为学生最愿意也最习惯的一种方式。对于此,体育教师也要在自主、合作、探究的学习方式上为学生提供相关支持。因此,在体育教学过程中,要注意给学生相应的体验和感悟空间,克服单一呆板的接受式学习方式,倡导探究式学习方式,促进学生在教师指导下主动地、富有个性地有效学习。这种教学活动的一个显著优势,就是能够让学生真正成为学习的主人,让学生主动地体验、感悟教材,自主地选择适合自己的学习方式,自主地将自己的体验、兴趣与技能的获得结合起来。

第三节　体育教学中审美功能的实现

一、体育教学审美功能的内涵

体育是一门力与健、健与美结合的教学课程，体育教学中包含着审美教育，同时审美又使体育教学更为丰富、完美。由此可见，体育教学与审美教育有着密切联系。对体育教学审美功能的研究，能够引起人们对审美欣赏和评价的重视，对推动现代体育教学来说也是意义重大的。

（一）体育教学美和体育审美

在体育教学过程中，教师与学生、学生与学生之间会进行各种沟通和交流，在这一过程中，也不乏一些审美交流。体育教学的美包含的内容非常广泛，比如，艺术美、社会美、自然美和科学美，再比如和谐美等。

体育教学的开展，是为了增强学生的健康，丰富业余生活，发展学生的个性，为国家培养有用人才。但这并不是体育教学的唯一目的，某种程度上，可以将体育教学的开展看作是一种审美活动，具有审美感受的一般特征，也能够将理性目的和社会功利价值体现出来。

体育审美，主要是针对体育运动中的"美"来进行的，人们只有参与到体育活动中，才能够体会到体育的美，因此，直接参与是体育审美的基础特征，同时，它给人带来的审美感受是不同的。从体育活动角度来看，各种形式的体育运动本身就是一个创造美，并且展现美的过程。

（二）体育教学美和艺术美

对体育教学美和艺术美进行分析，可以得知两者之间基本是相同的,差异性主要体现在体育教学美的创造方法、表现形式及个人在审美系中所处的地位上,并且这种差异性是非常显著的。

艺术源于生活,且高于生活。同样的,艺术美能够将生活美更好地体现出来,它充分、强烈、典型地反映出生活的美与丑,艺术美的创造,是在生活美的基础上概括、加工、取舍、提炼而成的,但也不仅限于此,其中还蕴含着作者的审美意识和审美评价,塑造出一些非现实性的艺术形象。而体育教学的美是从教学内容中的各个方面体现出来的,体育教学美的创造,遵循美的规律,使学生能够接受与之相适应的训练,某种意义上,锻炼身体的过程也就是个体生命创造美的全过程。

相对比来说,艺术美的艺术媒介是无生命的物质,这就决定了文学艺术是通过媒介固定下来不动的、静止的;而体育教学美的媒介是运动着的人体义学艺术,侧重于人的审美想象,其包含在体育运动的全过程中,有强烈的个性感,由此可以判断出,体育美是一种运动美、动态美。

二、体育教学中审美功能的实现路径

体育审美功能的实现应该是有一系列的具体、可行的实践方案的,并且要构成一个系统完整的策略体系,如此一来,就能使体育教学审美功能的顺利实现得到保障。具体可以从以下几个方面着手进行。

(一)加强体育教师的审美修养

在体育教学过程中,教师所起到的主导作用是非常重要的,因此,要培养学生的审美,首先要求教师必须具备较高的审美修养。换言之,体育审美教育的过程只有在体育教师创造性的引导、指挥、协调下,才能进入审美接受和审美创造的自由境界。如何按照美的规律来塑造教师自身的人格形象、培养教师的高尚情操、提高教师的审美能力,直接关系到整个体育审美价值的实现。

体育教师应该具备较高的审美修养,主要包括三个方面的内容,即高尚的审美理想、良好的审美趣味、敏锐的审美能力。这三个方面是相互依赖、相互促进、缺一不可的,它们三者的相互统一,构成了个体的审美修养水平。

良好的审美修养,对于体育教师从事体育教学实践有着非常重要的作用和意义,具体表现在以下几个方面。

首先,良好的审美修养对于体育教师创造性地进行教学是非常有利的。具有较高审美修养的教师通过发现教学环节中美的因素,使平淡的教学活动变得极富创造性和审美体验。

其次,良好的审美修养能使体育教师用审美的视角看待学生。学生没有完美的,但是,就算是学生犯错,也不影响其展现身上的闪光点,学会了审美的教师,其目光中的学生没有不美的;反过来,被教师审美目光普照的学生,也会变得越来越美的。

再次,教师的审美情趣对于那些非审美形态教学的内容进行审美再创造会产生有利的影响。具有较高审美素养的教师,把握美的形态,使其美的内质凸显出来,放射出美的光芒,使学生容易欣赏和接受。

(二)挖掘体育内容的审美因素

体育活动中,美的存在是普遍的,这就需要体育教师以审美的眼光,看待教材中的内容,发现其中的美,欣赏其中的美,体会其中的美,然后再到课堂中对学生进行相应的引导,使学生欣赏这种美。体育课本身不是枯燥的,而是有些教师把它上枯燥了。如果是丰富多彩的体育以符号和知识点分解的单一动作灌输给学生,那当然是枯燥无味,无美可言了,我们应该把丰富多彩的体育还给学生,让他们自由地遨游在美的教育内容当中。具体可以从以下几个方面入手。

第一,教育内容的美对学生产生直接的影响。学生受到体育内容中丰富的美的影响。一定要重视教学内容美的因素的挖掘,这样才能为学生创造一个轻松活泼、生动愉悦、和谐与自由的学习情境,同时使学生的思维融入整个教育教学的过程,进而将学生探求新知的兴趣激发出来。

第二,体育教师对教学材料的审美理解会对学生的学习产生影响。这种影响可以是直接的,也可以是间接的。如果体育教师热爱体育,并能对体育教学做出正确审美性的理解,那么一定会引起学生的喜欢的。

第三,教师要尽可能将教学组织内容审美化。一般地,教师对教学内容的审美化组织可以采用的有效技术主要有:能使教学内容体现简洁美、表述美的提要与精练技术;能使教学内容体现形式美,和谐美的系统化、结构化、网络化技术;能使教学内容生动直观,充分体现视觉审美效应的形象化技术;揭示内在联系,使教学内容体现规律美的归纳与概括技术。除此之外,教学组织审美化的实现,与找到教材内容中的审美点之间有着非常密切的联系,并将审美点作为体育审美教育重要的切入点。

(三)提升学生学习的审美化

体育审美教育包括两个方面的内容:一个是教师的教,一个是学生的学。学生的学习活动,是一种脑力与体力综合的重要活动,也体现着美。这主要取决于学习的本质。首先,学生的学习不是随意的、盲目的,而是受一定动机和目的支配的;其次学生的学习活动是需要发挥人类的聪明才智进行针对性的选择,借助积极的思维活动进行整合、内化、充实并更新自己的知识系统;最后,学生对体育的认识由不知到知,从知之不多到知之较多,由掌握的不熟练到熟练,并通过一定的成果形式呈现出来,这些成果从本质上来说,是学习者本质力量的显现。从某种意义上来说,可以将学生的学习活动看作是一种美的创造过程。

体育教学中的学习美包含着非常丰富的内容,主要在学习活动的各个方面得到体现,具体来说,主要包括学习目的的审美化、学习对象审美化、学习过程的审美化、学习成果的审美化。这些美的因素在具体可感的学习活动中相互渗透,相互作用,形成有机的统一。

1. 学习目的的审美化

学习目的其实蕴含了丰富的审美内容。另外,体育学习目的还包含了不同程度的真和善的内容,如人体生理、解剖学的知识和社会规范的学习等。究其原因,主要是由于体育的学习的目的不仅是生存和身体的健壮,还有认识世界、改造世界,使学生得到全面的发展。在体育学习的目的中,不仅有真和善的反映,还有社会发展的客观规律和社会进步的要求,在很大程度上显示出了深刻的审美意义。

2. 学习过程的审美化

在体育教学中,学生的体育学习过程是最主要的部分,在这一过程中,学生能够不断掌握、继承前人积累的知识、技术、技能,在这样的基础上,再通过教师的积极引导,来将自身的创造力充分发挥出来,用科学的方法和创新的精神探索体育文化的过程。对于体育教师来说,要想促使学生学习过程审美化,就要对学生的创造力进行重点培养,使学生能够将他们自由的创造性充分发挥出来,这是学生过程审美化的根本。毋庸置疑,学生学习的体育知识、技术、技能等是人类智慧的结晶,并非他们首创,但由机械模仿到自然娴熟,就是一个创造美的过程,这其中就凝结了学生的创造性。首先,学生在学习知识的过程中,要不断建立自己稳固的知识体系,这就需要对前人的知识进行分类、筛选和重组,在这样的过程中,学生能够根据自己的兴趣、爱好做出合理的选择,可以说整个过程都是学生创造性的体现;其次,学生学习一项运动项目,不仅要对这个项目的基本情况进行了解,还要对其进行更深层次的分析和探索,这种学习是学生创造性思维活动作用的结果;最后,学生在学习的过程中,难免会遇到许多问题,虽然教师会给予一定的指导,但是要从根本上发现和解决问题,还必须依靠学生创造性地运用学习掌握的知识体系,没有学生主动的创造性思维的参与,学习过程必将陷入困境。因此可以说,创造性是学生机智的体现,也是学习过程审美化的实质。

节奏感是构成学习过程审美化的另一个重要因素。符合审美要求的学习节奏是动与静的有机结合,相互交替,互为陪衬,才能使单调性得到有效避免,引人入胜。张弛是指学习过程的紧张、急促和轻松、舒放,一味地张或弛都有损于学习的完美,张弛相间,则能将学习过程的跌宕起伏突显出来,与学生身心的发展要求相符。

3. 学习成果的审美化

当学生的学习成果展现在自己面前时,所产生的审美感受是最强烈、最愉悦的。学生对于学习成果带来的审美感受最深刻,当成功地完成了一个技术动作,透彻地掌握了一项运动技能,或自己解决了某运动项目的技术难题,一种非常强烈的兴奋和骄傲便会油然而生,这就是学习成果带给主体的美感体验。需要强调的是,并非所有的学习成果都能给人以美感,要产生美感,是需要具备一定的条件的,即必须合乎规律和目的、体现真和善、符合运动和教育规律、促进人的发展的学习成果才能产生美感。反之,则毫无审美价值可言。

要想促进学生学习的审美化,首先,要创设愉快的学习气氛,对乐学精神进行积极倡导。学生正值青春年华,朝气蓬勃,天真烂漫。他们追求快乐,喜欢体育,希望在运动场上自由自在地奔跑、跳跃。这就要求教师应努力调动学生的情绪,使学生在轻松、自由、喜悦的气氛中进行学习。对所有的体育教师来说,如果忽视为学生创造欢悦的学习气氛,自然意味着沉闷与单调,意味着学生的个性和创造精神的压抑,意味着机械的、没有生命投入的学习。其次,为学习活动提供有效的情感动力。学生的学习行为的产生与一定动机是不无关系的,能否启发学生的学习动机是学习成败的关键。过去,只对学生进行学习目标的教育加以强调,把学习的结果作为评价学习好坏的主要标准,而忽略其中的情感因素,这显然是不科学的。一般来说,那些在学习活动中积极主动、锐意进取的学生,并非完全出于对学习目的的理性认识,更多的是出于对体育喜爱的情感推动。

体育美对学生情感的调动只有在学生全身心地投入到学习活动中,并且在和谐、美好的审美体验中调动感知、想象、思维等审美心理要素时才会发生。因此,这就需要对学生进行积极的引导,使其能够在愉快的学习氛围中,对学习带给主体的快乐有充分的感受。

(四)促进体育过程的艺术化

要取得优秀的教育效果,达到全面育人的教育目的,就必须在追求教育的科学性的基础上,讲究教育的艺术性。

教育艺术之所以能够生存下来,是需要具备一定的基础和前提的,即丰富的知识素养,尤其是教师掌握知识的广度、深度和系统性,也就是所谓的教师的知识结构。体育教师在熟练掌握一定的体育知识的同时,还要对运动人体科学、生理、生化、解剖学方面的知识,以及哲学、美学、历史、文学等人文社会科学方面的知识进行了解并掌握。教学方法是教育艺术的骨骼脉络。教学的实施也必须具备一定的方法体系。

古今中外的教育家,都普遍认为教学本身是一件令人愉快的事情,这也是他们一直强调的事情,从而进一步将这种愉快带给学生,使学生能产生参与到体育教学活动中的兴趣,做到好学乐学,喜欢并尽快接受所学知识。因此,成功的教育缺少不了情感。教学风格是教育艺术的个性化表现,是教育艺术与教师个性特征的有机结合,是教育艺术走向成熟的标志。教育艺术就是那种富有感情性、形象性和创造性的教育,具体来说,就是指教师在教学活动中,遵循教育规律,以自己独特的方式方法,创造性地组织教学,将知识与审美融合起来,使学生在愉悦中能高效率地进行学习精湛的教育技能技巧,它是教师学识和智慧的结晶,是教师创造性地运用教学方式、方法的升华。

体育课本身具有一定的技艺性特点,除此之外,还同时具备科学性、人文性、情意性等特点,它的教学过程所遵循的是教育学的一般原理,而它又是一门技艺性为主的课程,因此它的教育艺术又与其他学科有所不同。将科学系统的基本原理与体育课程的这些特点相结合,从体育课教学的普遍意义上把握它的教学规律,能够在不同年龄、不同层次、不同地域、不同项目的体育教学中都加以运用。由此可以得知,教育艺术的创造主要从体育教师懂得如何在教学过程中激发学生的情感,解析运动项目的美学特征上得到体现,与此同时,通过某些美学规律的运用,来准确把握教学实际,使体育课堂教学形成一种感情和艺术气氛,创造出最佳的学习效果,并且始终保持积极、主动、愉快的心情,在审美享受中接受知识,并且从体育教师的教学艺术中受到潜移默化的艺术感染和熏陶。当教师更多地懂得了美的素质怎样进入人的生活,当他们能够有意识地来完善、扩展这种美的体验方法时,他们也就踏上了教学艺术之路。总的来说,想要把握教育的艺术,就要在教学中体现整体与和谐,简单与深刻,个性与创造性等方面。

(五)体育教学手段的审美化

教学手段在体育教学中是不可或缺的重要组成部分。体育审美教育的实施在很大程度上取决于教学手段及其运用水平的高低。可以说,美化教学手段实际上是体育审美教育的一部分,得到美化和综合运用的教学手段反过来也会对体育审美教育的开展起到促进作用。使用艺术手段来教授其他学科能够使教学内容更加具体,使课堂引人入胜,令人沉醉。教育实践证明,艺术可以丰富学习过程,提高学生学习的兴趣和动机。美化的教学手段对于教师完成教学活动也会提供必要的帮助,具体体现在以下几个方面。

1. 教学过程中借助艺术手段

艺术,是审美意识物化了的集中表现,能更强烈地引起人们的美感,作为审美对象而发挥其特有的作用。艺术与体育,在历史的长河中是同源的,进入文明时代后,分为不同的支流,然而,当面对未来的大海,它们又在发展中融汇在一起。可以说,艺术与体育的关系十分紧密,在体育教育的过程中,如果大胆地借用技术手段施教的话,会产生引人入胜,创造出意想不到的教育效果。体育审美教育本身就是创造美的过程。所以,应该灵活地把艺术创作的规律用到体育的过程中来。

体育教学中用到的艺术手段是多种多样的,其中,适用频率较高的主要有音乐、舞蹈、表演等。这些艺术手段在教学中运用所产生的审美功效也得到了广泛的认可。比如,音乐手段经常应用于节奏感强的教学环节,比如健美操等。人们在体育运动中听音乐时,身体就会不自觉地按照它的节奏进行活动。这样一来,就能使人的身体得到有效放松,头脑却更为机敏。体育教学与表演艺术两者之间有着非常密切的关系,两者具有许多相通之处。

2. 在教学手段的使用上要有艺术感

在体育审美教育的实施过程中,教师不仅要遵循教育规律,使用艺术手段教学,还要懂得艺术地使用教学手段。为了发展有意义的教学,教师需要能够把成功教学的一般方法引入审美领域。艺术地使用教学手段,能够为教师在体育教学中更加得心应手起到积极的推动作用。

一般来说,采用的艺术化的教学手段主要有以下几种。

(1)教学语言和讲解

体育教学中会普遍用到语言和讲解这种教学手段,并且其会产生十分重要的作用,对于每个教师来说,这种教学手段是必须要掌握的基本功,讲解时不仅要准确,而且要讲究语言艺术,这样,才能使学生能听懂动作要领,同时还可以激发学生学习的兴趣。教学过程中,教师在讲解时,为了保证讲解的效果,要求教师不仅要发音准确,咬字清楚,更要充分运用语言、语调的变化来提高语言的表达水平。教师讲解时运用的术语必须准确,不管是动作的名称、完成的方法、各组成部分的名称、完成动作名称、完成动作的方向、空间的位置,还是运动个体、总体与器械、场地之间的相互关系等,在表达时,都必须用专业术语,并且要保证表达的准确性。这样对于启发学生思考、提高学生的学习兴趣、提高教学效果都是非常有帮助的。生动直观的讲解有助于学生更好地理解和记忆,形象直观的讲解也更容易使学生产生兴趣。因此,这就要求教师讲解要生动感人,注意寻找与动作有密切联系的形象术语,并加以归纳运用。在体育教学过程中,教师讲解应该力求语言精练、声情并茂,做到"精讲多练"。精讲就是要抓住主要问题,突出重点和难点,通过精练的术语、口诀,简明扼要、条理清楚地将概念要领、练习方法、组织措施讲解明白,让学生用更多的时间去实践练习,从而使体育教学的效果得到有效保证。

在体育教学过程中运用教学语言和讲解时,还要对节奏感加以注意,做到声情并茂。教学语言和讲解的节奏,具体来说,就是语言速度的高低,语调的抑扬,结构的疏密,情感的急缓,这是由教师内心情感引起的语言快慢急缓的变化。教学语言的节奏,是在情感变化的基础上形成的,它与表达思想内容的节奏是一致的。恰当运用声音的节奏,能够使学生的注意力更加集中,学生产生疲劳的时间也会得到延缓,教学气氛也能保持和谐、轻松。体育教师在讲解时,还要对教材内容的轻重进行有效区分,从而以此为依据来将语言的节奏大致确定下来。讲授动作要领和重点问题时,声调要有力,速度要缓慢,要深入分析论证,给学生留下深刻的印象。讲授复习内容和次要问题时,速度可稍快,声调可稍低。必须分清主次、突出重点,这样学生就能顺利地感知,深入地思考,及时想象和识记。教学语言讲解的过程中,太快或太慢,太高或太低都是不允许的。因为太快,学生思维跟不上;太慢,学生思维会受到抑制,对其兴趣也会产生负作用;太高,学生听觉神经中枢持续受到高音刺激,容易由兴奋转入抑制状态;太低,则会使学生听起来费力,所起到的效果会适得其反。

(2)示范和非语言表达

体育教学与其他学科教学之间是有所差别的,示范和非语言表达这一重要教学手段就是区别之一。体育教学中的示范,是体育学科独有的教学手段,也是最为重要的教学手段之一,学生在学习具体的动作时,教师必须用学生感官能直接感受到的具体动

第七章 现代体育教学社会功能实现与应用拓展

作作为范例,使学生对动作的结构、要领、过程等能够熟练掌握。示范动作标准与否会对学生学习的效果产生重要的决定作用,这种作用的产生是直接的,同时,学生学习的兴趣也会因此而受到影响。这就要求在教师做示范时一定要注意示范的目的和时机,示范的次数要适宜,并不是越多越好。同时,在示范时还要对动作加以注意,具体要求为:干净、利落、大方、优美、娴熟、准确、到位,这样的示范能给学生带来审美享受,从而将学生学习的热情充分激发出来。示范时,示范的方位也是非常重要的方面,具体来说,要以学生的队列方向和距离为依据来选择适合学生观察和学习的位置,同时,还要以教学和学生学习的具体情况为依据来做好示范类型的选择。从而能达到有利于激发学生学习的兴趣和保证学生学习的效果的最终目的。除此之外,还要注意示范和讲解的有机结合,不能把讲解和示范割裂开来,因为这样会对学生的理解和接受产生影响,示范的效果会大大降低,预期的示范效果无法实现。

相关研究发现,教师非言语行为与课堂气氛之间是存在着正相关的密切关系的。学生对教师的非言语评价与对课堂气氛的评价有较强的一致性。当教师改进非言语行为时,学生对课堂气氛的评价也相应地提高,反之亦然。对此,可以做出不同的解释:一种是教师的非言语行为的感染力是非常大的,学生会有意无意地模仿教师或积极热情、或消极倦怠的态度,而学生的模仿又会成为一种信息反馈给教师,教师的教学态度又会因此受到影响而发生相应的改变,并在此基础上形成一种氛围,也就是所谓的课堂气氛;另一种是教师通过非言语行为所表现出来的肯定或否定的态度会对学生对自我、教师及所学课程的态度都产生相应的影响,由此也会进一步对课堂气氛产生相应的影响。在体育教学中,仅仅依靠单纯的语言讲解是不够的,教师也要在语言表达的同时,配合和蔼的表情、自然协调的手势、优美的姿势等,这样才能使语言表达的艺术效果得到有效增强。对学生来说,教师的举手投足、点头微笑,都能成为具有教育性的审美对象,尤其是教师的表情,会对教学产生非常微妙的影响。

(六)提高学生的体育审美能力

作为能力中的一个方面,审美能力本身具有一定的特殊性。审美能力,实际上是体现在审美活动中的审美实践能力,是人对美的对象的观赏、感受、体验、想象与评价的能力综合。审美能力不为人的某一特殊器官所专有,而是审美主体在审美实践活动中综合运用感觉知觉、联想想象、情绪情感、理解评价等多种心理综合能力的结果。从某种意义上来说,审美能力是成功地从事审美活动所必需的心理特征。正如马克思所说:"如果你想得到艺术的享受,你本身就必须是一个有艺术修养的人"。费尔巴哈也说:"如果你毫无音乐欣赏能力,那么,即使是最优美的音乐,你也只把它当作耳边呼呼的风声,只当作足下潺潺的溪声。"这种审美并不仅仅在音乐、艺术欣赏上得到体现,所有的审美均如此。审美能力的缺失,会导致潜在的审美对象无法被发现其中蕴含的美,审美感受和审美表现也不会产生,因此,其与任何审美活动都不会有交集。教育家卢梭说:"只要有热心和才能,就能养成一种审美的能力;有了审美的能力,一个人的心灵就能在不知不觉中接受各种美的观念,并且最后接受同美的观念相联系的道德观念。"由此可以看出,审美能力是由审美欣赏、审美表现和审美创造能力等因素组成的一个完整的结构。

在体育审美教育中,一定要重视学生的审美能力的开发和培养,这也是教学中的重点之一。教师在课堂上创造的体育美和营造美的意境能否被学生接受,主要在于学生是否有感知美的能力。

1. 唤起学生的体育审美意识

意识的存在是能力培养的重要基础,这对于审美也是适用的。即学生的审美能力是在审美意识的基础上进行的。在体育审美教育的过程中,教师要不断地利用体育美来有效刺激学生,来将学生的审美意识唤起,"爱美之心人皆有之""好之者不如乐知者"。美的因素会对人在事物方面产生的认识、理解及其各种行为反应产生直接的影响。因此，只有审美主体在审美过程中产生审美满足，获得一定的审美体验，审美体验不断增加，才会使审美主体逐渐形成一定的审美观念，产生一定的审美趣味，孕育一定的审美理想。在老师的引导下，学生对体育的美逐渐产生相应的意识的时候，就会将他们对体育的浓厚兴趣有效地激发出来，从而发生一定的转变，比如从不喜欢转变为喜欢，再转变为对体育的美的主动追求，如此一来，他们的审美能力就有了本质上的提升。如果学生经常会感觉到某个动作"真漂亮""真棒"，这就是他们对体育美的感受的一种表达方式，体育美使他们对体育产生了更为灼热的情感。田径项目的力量美、速度美、耐力美等；体操、武术的运动之美等；艺术体操、舞蹈、健美操的优美；集体项目的配合美、技术美、战术美等。只要教师用心去发现，就能够积极刺激学生对丰富的美的认识，将学生的审美意识唤起，并对其进一步的发展起到促进作用。

2. 对学生感知体育美的能力进行培养

对于学生来说，具备发现体育中的美区别于其他对象的能力，是一件非常重要的事情。美感需要学生对审美对象能够有一个整体上的认识，但这与认知之间是有所差别的，如理性地把事物复印在脑中。教师在教学过程中，要对学生各种感官的感知能力进行培养，通过科学的引导，使学生用自己独特的视角发现美的能力得到启发，这样才能深入到美的感受中，进入美的意境。教师要善于运用生动的语言，形象地描述动作要领，用贴切而又形象的比喻，说明抽象的动作概念，使教材的内容在学生头脑中形成明晰的动作意象，通过形象、生动、有趣味的语言表达，能够将学生的审美联想唤起，调动已有的审美经验，同时，这对于学生更好地理解和掌握动作技术也是非常有利的。

3. 让学生在探究中发现体育的美

学生自身审美能力的提升，必须是在学生的亲身探究过程中才能实现的,因为没有切身的参与,是不可能发现其中真正的美的。教育专家巴舍尔德主张:"除了追求'科学智力'之外,我们的教育制度还必须找到一种方法在我们中渗透'审美智力'。所有的老师都需要在开发学生的审美智力方面做好准备。"体育的教学本身是一种直观教学的方式,这就要求教师一定要将培养学生具有敏锐的洞察力和丰富的想象力作为关注的重点,使学生能够用心地去体验,从而获取对其中的美的良好体验。学生如果通过自己探究发现了体育美,那么印象会格外的深刻,给他们带来的喜悦也会格外强烈,这无疑是一种美的享受。

4. 通过积极的鼓励方式使学生参与到审美创造中

学生审美能力的提高并不是一蹴而就的,而是经过审美感受、审美体验、审美创造等不同的层次逐渐上升的,由经验层次上升到创造层次。审美创造是学生审美能力的核心,所以教师应该积极鼓励学生进行审美创造。实际上,学生的想象力和感知力是非常丰富的,这一点毋庸置疑,他们只是缺少创造美的勇气。学生创造美的能力大多处于未激活的状态,因此,这就要求教师要将其主导作用充分发挥出来,通过多种手段和方法的利用去对学生创造美的能力进行开发,使学生在课堂中都能够抓住创造美的机会,使自身的审美创造能力得到提升。因此,应当鼓励学生去尝试运用自己的审美经验,调动他们的审美情感,并真实、独特、"审美"地表达出来。

第四节 体育教学中的终身体育功能实现

一、终身体育的基本理论

要对体育教学中终身体育功能的实现进行分析,首先,要对终身体育有一个整体的了解和认识。

第七章 现代体育教学社会功能实现与应用拓展

(一)终身体育的含义

终身体育,是指一个人终身进行身体锻炼和接受体育指导及教育。深层次分析,可以从两个方面入手来进行分析和理解:一方面,是指通过对终身体育锻炼的正确理解和认识,形成人的内在需求,通过强烈的锻炼意识来对人们起到积极的推动作用,使他们能够自愿地加入到体育锻炼中来,逐步形成终身体育锻炼的思想;另一方面,是指在人的整个生命过程中坚持长期参加身体锻炼的行为。人的一生会随着年龄的不断增长以及身心发展的需要,经历不同的时期,而每个时期所面对的环境是不同的,这就要求在理解和认识的基础上克服其他制约因素,坚持锻炼,从而使终身从事体育锻炼的目的得以实现。终身体育贯彻整个人生,其中所包含的项目是可以根据自己的爱好灵活选择的。从人员上来说,终身体育针对全体公民,特别是青少年;从教育方面说,终身体育有助于提升公民的整体素质,使国家更加繁荣富强。

终身体育与终身教育两者之间有一定的共同点,也有不同之处。通过对其结构体系进行分析发现,两者的共同之处在于:都强调了人的不同时期所包含的内容是非常丰富的,小学、中学、大学的学校体育,婴幼儿体育,学前儿童体育,成年人体育,老年人体育,妇女特殊时期的体育和残疾人体育都属于这一范畴。由此可以看出,这两者多强调的重点有学校教育与学校体育,也有终身教育和终身体育,还有幼儿园、学校、社会、家庭教育和体育,可以说,这几种教育形式在终身体育中得以综合。

随着体育事业的不断发展,能否科学地指导人们终身从事身体锻炼,已经成为衡量体育事业发展程度的重要指标,同时,也在很大程度上影响着中华民族整体素质水平。终身教育作为教育改革的指导方针能够直接启迪终身体育思想的形成、发展,同时,终身体育也能进一步扩展和补充终身教育的内容。由此可以看出,两者的关系是非常密切的,相辅相成,相互促进。

同时,终身体育的实施是需要在科学的指导下进行的,因为只有在人体生长发育与发展的各个不同时期的身心特点的基础上进行相应的体育锻炼,才能取得理想的终身体育效果,终身体育的系统才能得以构建起来。同时,一个人的不同发展时期和不同人群的特殊阶段都需要建立与完善终身体育的组织体系。

(二)终身体育教育的目标

终身教育是人们在一生各阶段所受的各种教育的总和,是人所受不同类型教育的统一综合。教育体系的各个阶段和各种方式都属于终身教育的范畴,不管是学校教育,还是社会教育;不管是正规教育,还是非正规教育,都是教育体系的内容。适应社会经济发展的需要,以及提高未来社会对人的需求,是终身教育的目的所在。

终身教育的构成要素有很多,终身体育教育就是其中之一,其中蕴含非常显著的健身性、教育性特点,其主要目标在于不断提高全民族的身心素质,促进个人身心健康与社会进步的和谐统一。可以将其具体分为以下几个方面。

1. 对体育意识的培养

体育意识,实际上就是意识中的体育方面的部分,也可以将其理解为体育现象在人们头脑中的反映。自我体育意识是人们以个人的具体情况为依据,积极地从事体育运动所产生的意识,人们终身体育形成就是在这一前提下才实现的。

体育文化的传递是需要各种各样的人群参与进来才能达到理想效果的,仅仅依靠教师的传授是无法实现良好的传递目标的,这就要求必须注重学生自我体育意识的培养,才能使之与社会发展的需要相适应。体育意识的增强,将会在很大程度上影响着终身体育,并且这种影响是非常深远且强大的。

2. 对体育兴趣的培养

学生之所以能参与到体育活动中,必要的动机是不可或缺的,而体育兴趣就是学生从事终身锻炼的重要基础,学生的体育兴趣,往往决定了学生今后长期参与体育锻炼的自觉积极性和独立性。体育兴趣并不是早期就确定不变的,而是可以进行培养并达到改善效果的。因此,培养学生的体育兴趣就成为体育教学中的关注重点。

3. 良好体育习惯的养成

体育习惯,就是人们在不断的健身实践中逐渐形成的,能够满足"主体需要"的一种自觉的、经常的、稳定的行为。对于现代人来说,良好的体育习惯是其日常生活中非常重要的内容之一。养成良好的体育习惯,对于学生更好地参与到体育锻炼中起到有力的保证作用。

4. 对体育能力的培养

体育能力,就是一个人在体育方面的所体现出的能力的综合。体育的认识能力、科学锻炼的能力、体育锻炼的自我评价能力、终身体育能力等都属于体育能力的范畴。体育能力对于学生来说是非常重要的,其对体育知识的学习以及对体育实践活动的参与都需要一定的体育能力才能实现,否则,预期的效果就无法得到保证。

5. 心理健康教育的实施

心理健康,就是人的内心世界与客观环境形成的一种平衡关系,具有服务他人健康的作用,是人的健康不可或缺的重要方面。体育健康教育所涉及的内容非常广泛,不仅包含生理健康教育,还包括体育心理健康教育,两者都是体育健康教育的重要构成因素。体育心理健康教育在体育教学中的意义是非常显著的,不仅体现在学生个性的全面发展、身心健康、事业成功和人生幸福方面,同时,还能与当代社会对新人才的需要相适应,因此,其重要意义也在对学生心理素质的发展和社会的进步上有充分体现。由此可见,体育教学对学生心理健康的教育和培养是非常重要且必要的。

(三)终身体育教育的内容

终身体育教育的实施,是需要丰满的内容作支撑的,具体可以将这些内容归纳为以下几个方面。

1. 健身运动

健身运动就是一般健康人为了达到身体健康、增强体质的目的而从事的身体锻炼。通过健身运动的开展,能够达到发展人体内脏器官的功能以及增强力量、耐力、柔韧、灵敏和速度等运动素质、提高工作学习效率、丰富业余生活、延年益寿的目的。

通常来说,健身运动以有氧代谢为主,在运动量的控制方面有着较高的要求。参加者的年龄、性别和健康状况等客观因素会影响到健身内容与方法的选择和运用。一般地,田径、体操、球类、游泳、滑冰等是青少年的主要选择;走(散)步、慢跑、做操、太极拳、健身球等通常是中老年人的选择。

2. 娱乐体育

娱乐体育本身是一种具有鲜明娱乐色彩的体育活动,其主要目的是丰富文化生活,吸引人们愉快健康地度过余暇时间。参与到娱乐体育中,通常能达到改善人的身心、锻炼身体、陶冶情操的目的,这一活动形式适用于各年龄段的人。

娱乐体育的内容也非常丰富多彩,球类游戏、活动性游戏、季节性娱乐体育、旅游、游园、游艺晚会、民族形式的活动(如放风筝、跳皮筋、狩猎、荡秋千等),以及下棋和观看各种体育比赛等都属于娱乐体育的范畴。以其参加活动时的身体状态,通常可以将娱乐体育分为三种类型:

(1)观赏性活动,主要指观看各种体育竞赛。

(2)相对安静状态的活动,如垂钓、棋牌、用纸和笔进行的活动,主要是陶冶情操。

(3)运动性的活动,这是娱乐体育的主体,又可分为眩晕类、命中类、游戏竞争类、自然类。

3. 医疗与矫正体育

医疗与矫正体育作为一种专门性的体育活动，所针对的是特殊人群，主要目的是对某些疾病或某些身体有缺陷、功能有障碍的人加以治疗。

针对人体存在的某些疾病与障碍，采用体育的手段，达到治疗疾病和纠正某方面的缺陷的作用。需要强调的是，这种身体锻炼的方式具有专门性的特点，是不能自行锻炼的，必须在医生或专门教师的指导下进行。

4. 格斗性体育

格斗性体育这种锻炼方式的主要目的是提高防身自卫和抗击应变能力。这种锻炼不仅能起到强身的作用，还能在日常生活与军事需要中加以应用，达到有效提高对抗能力和自我保护能力的效果。在选择格斗性体育内容时应明确锻炼目的，并采取安全防护措施，以免发生意外。

擒拿、散打、推手、拳击、武术对练、军事体育中的刺杀、射击等都属于格斗性体育的范畴。

5. 探险运动

探险运动，是一种以锻炼胆量、探求某方面的知识、满足冒险心理和创造奇迹为目的的一种体育活动。探险运动本身具有一定的危险性，这也是这项运动独特的吸引力之一，要参与这项运动，就要求在锻炼中要从实际出发，那些只是为了追求冒险而脱离自身能力和条件的盲目行动都是要严格禁止的。

探险运动所包含的内容也是形色各样，比如，利用气球或简易的手段越洋、越江、爬山洞、从高处向下飘落、徒步、骑车环球旅行、赴南极考察、攀登高峰、穿越沙漠等，都属于探险运动的范畴。总之，人类为显示自己的能力去征服某个天险而进行的各种探险活动都可作为探险运动的内容。

要参与到探险项目的锻炼中，要求参与者必须做好充分的准备，尤其要注意安全，遵循量力而行的原则，客观认识自身的条件和能力水平,必要时要采取一定的安全措施,避免不必要事故的发生。

(四)终身体育的主要特征

1. 连贯性

终身体育的连贯性特征主要从时间轴上得到体现,具体来说,就是终身体育思想强调的体育教育和体育学习的连贯性。人在漫长的一生中,都是处于教育状态的,而体育教育则是其中的一个方面,也是组成人健康快乐生活过程的要素之一。终身体育的核心在于使体育教育在人的一生各个阶段都有所体现,这也将体育运动锻炼的连贯性特点体现了出来。

2. 整合性

终身体育的整合性特征主要从人员方面得到体现,现代社会健身的需要所针对的并不仅仅是某个个体,而是人民群众这个整体。而且推广和上升为整个社会,其展现出的重要作用,在社会生产力、人体健康以及人类的正常活动方面都有着显著体现。由此可见,终身体育同时涉及到人的主体因素和社会发展的外部因素。从这一角度出发,终身体育的开展能够有效提升国民素质水平,这一作用是将其纳入到体育教学中的一个重要出发点。

全民健身的提出,对终身体育来说,是进一步的补充,促使其更加完善。全民健身是一种理想化的运动状态,要无限接近这种状态,就要求人们首先在意识上能有所改善,比如,形成终身体育锻炼的意识,并且养成积极参与体育锻炼的习惯,在这样的条件下,真正意义上的全民健身才有实现的可能。

从空间的角度上来说,终身体育实际上是将学生所处的各种环境进行整合,使学生在任何一种环境中都能进行体育活动,这种环境可以是社会,可以是学校,也可以是各自的家庭,现代社会使体育走出学校、贴近生活,密切联系家庭和社会,它们之间能够做到有效互动,并且保持良性整合的状态。

3. 过程性

终身体育将人的体育习惯的形成作为关注的重点,同时,还把体育锻炼的过程看成是生活中的一部分,在生活的过程中,终身体育并不是强制性地对学生进行知识和技能的灌输,而是自然而然地进行锻炼。在体育学习的过程中,要将竞争的成分尽可能减少,使所有的人都能够在学习过程中将自己的兴趣爱好充分发挥出来,通过科学理论知识的引导,更好地参与到体育运动锻炼中,这就赋予了体育教学过程显著的生活化特征,也使得体育教学与生活之间的联系更为紧密。在体育教学的过程中,体育对人生的影响一直以来都是强调的重点,人的体育锻炼意识也会因为不同形式的潜移默化的影响而逐渐发生变化,变得更加强烈和稳定,使人们在积极参与到体育运动中的同时,更要对体育学习的过程加以重视,在过程中学会体育,具备体育锻炼能力,要强调自我完善和学习的过程,对结果不要过分看重。

4. 将提高生活质量和终生健康作为主要追求

体育运动是通过文明健康的方式来对人们的健康起到促进作用的,也正是因为如此,人们对体育运动的青睐和喜爱程度也大大提高。体育运动本身就具有显著特征,比如娱乐性、趣味性、文化性、拓展性、丰富性等,这些都使体育运动更好地融入人们的生活中,成为人们日常生活中非常重要的一种需求,对于社会科学、健康、文明的生活方式的造就有积极意义。

在体育教育中,终身体育理论作为内容之一,将体育与现实生活紧密结合在一起,这也进一步促使体育的生活化程度越来越显著,从而使体育与学生的内心之间架起了一座桥梁,以体育与人的一生的密切联系为基调,不仅可以有效调动学生体育学习的积极性,而且可以更有效地帮助他们养成体育锻炼的习惯。终身体育的开展,对于人的身心健康有促进作用,同时,对于那些不健康的娱乐方式则会起到遏制作用。

5. 结构立体化

终身体育是由纵向、横向以及价值三维结构组成的完整体系。具体如下：

（1）纵向结构：终身体育由婴幼儿体育、青少年体育、中老年体育三个相互联系的阶段构成。

（2）横向结构：终身体育的构成因素主要有家庭体育、学校体育、社会体育，这三个方面之间是相互联系、相互影响的，关系密切，其中既有制度化、正规化的体育教学与指导形式，也有非制度化、非正规化的广播电视、报刊杂志、体育讲座等体育学习渠道。

（3）价值结构：通过制度化和非制度化的体育，从而对身心和谐发展、丰富文化生活、沟通与融洽人际关系、提高生活质量起到积极的促进作用。

6. 组织方式自主化

终身体育这种教育形式具有自发自主的特点，这也就赋予了终身体育内容、方法和组织形式等自主自觉的特点。终身体育始终贯穿人的一生，不仅通过种类繁多的运动项目从宏观整体上呈现着上述多元特性，而且伴随着个体年龄、体力、心境、环境与观念的变迁，多元特性的侧重点也会发生阶段性推移。比如，在处于少年儿童时期，体育活动往往将"游戏"特性作为主要关注点，到了青春期，则主要对"竞争性"格外青睐，到了成人阶段，体育中的"社交性"成为主要关注点，而到了老年阶段，健康长寿则成为重要追求目标。

二、体育教学中终身体育功能的实现

（一）终身体育的基本原则

在体育教学中开展终身体育，首先要遵循一些基本原则，这是终身体育开展与发展的基本导向。

1. 自觉性原则

毛泽东同志在《体育之研究》中指出："欲图体育之有效,非动其主观,促其对体育之自觉不可。"可以说,这是从事终身体育的首要条件。终身自觉地进行身体锻炼并不是说说就算了,首先,一定要对锻炼的目的非常明确,做到这一点,才能继续以自觉、主动、积极的态度去从事身体锻炼。

在制定自觉性原则时,也要根据相应的依据进行,具体包括三个方面:第一,要坚持终身都从事身体锻炼,锻炼的形式可以多种多样,没有明确规定,但是,锻炼的目的性必须要确定,否则,自觉地根据自身的需要与条件进行身体锻炼就不可能实现;第二,从心理上来说,坚持终身体育,就必须有战胜各种困难以及自我的决心和信心,这对于身体锻炼自觉地坚持下去起到促进作用;第三,要不断丰富自己不同年龄阶段的身体锻炼知识,掌握科学的方法,从而对自己积极自觉地从事终身体育起到积极的指导作用。

在体育教学中贯彻自觉性原则,为了保证最终的效果,需要做到以下几个方面的要求。

第一,一定要将锻炼目的明确下来,否则,自觉锻炼的欲望就不会产生。人的有机体对身体锻炼的需要是非常广泛的,应依据身体锻炼的作用和不同个体的身心特点,根据每个人具体的性别、年龄、身体条件及职业等区分不同的需要,从而使锻炼的目的更加明确。

第二,积极培养兴趣,养成良好的运动习惯。终身身体锻炼的自觉性之所以能产生,与锻炼内容的吸引和对锻炼内容的兴趣有着不可分割的密切联系。然而,兴趣能够引发人们的自觉性,但兴趣由于多次重复也可能出现转化或淡化,因此身体锻炼的自觉性,主要还要依赖于养成锻炼习惯。"习惯成自然",只有把身体锻炼纳入日常生活之中形成规律,才会主动积极。习惯是稳固的条件反射,是在多年坚持的基础上建立起来的。

2. 从实际出发原则

从实际出发的原则,就是根据人、时间、空间等方面的特点,来进行针对性的安排,也就是所谓的因人、因时、因地制宜。对于终身体育来说,在体育教学中,要以学生的年龄、生长发育特点和体质条件等依据来选择不同的锻炼内容和方法,同时确定下适宜的运动量,使身体锻炼能与自己的客观实际相符,达到终身体育的目的。

在制定从实际出发原则时,需要参照的重要依据如下:第一,是要根据自身的客观条件和实际需要来从丰富多样的身体锻炼手段中进行选择,选择的锻炼内容与方法与自己是相适应的;第二,要因人而异,根据不同个体的实际情况来选择适宜的锻炼方案,从实际出发,区别对待;第三,终身体育要求锻炼者一生自觉地坚持身体锻炼,锻炼的年龄、时间、自然环境等都处在变化状态,锻炼者必须根据自己的年龄、职业、时间与大自然的变化等对身体锻炼的时间和选择锻炼的内容、方法进行切合实际的拓展安排,从而能有效保证终身体育的持续性发展。

在体育教学过程中贯彻从实际出发原则,需要满足以下几个方面的要求。

第一,要满足不同年龄人群的需要。要以不同年龄阶段的身心特点为依据,科学选择锻炼内容和确定锻炼方法及合理安排运动负荷。

第二,要与参与者的身体状况相符合。参与者的身体各部位的机能状况,是确定锻炼内容、方法和运动负荷的主要依据。要根据参与者个体的实际情况来确定锻炼的相关内容。

第三,要与自然条件相符。我国地域辽阔,不同的地区气候所存在的差异性是非常大的,这就要求在身体锻炼中要因地制宜,从实际出发,有针对性地安排。

3. 全面锻炼原则

全面锻炼,就是指终身体育要全面地发展身体的各个部位、各器官系统的机能,使各种运动素质和活动能力都得到均衡的发展。

在体育教学过程中制定全面锻炼原则时,要满足两个方面的要求:第一,人体是一个完整的有机体,各部位、各器官组织是相互联系、相互制约的,所以在锻炼时,一定要将其全面性作为考量的重要方面,达到有效提高身体的形态、机能、素质的目的;第二,全面锻炼对于人的有机体的均衡发展是非常有利的。

在体育教学过程中贯彻全面锻炼原则,需要满足以下几个方面的要求。

第一,在锻炼内容的选择上要遵循合理性原则,在搭配上也要注意科学性。由于不同的运动项目对人体会产生不同的影响。因此,这就要求在选择锻炼项目时,要重点注意那些对全身影响较全面的项目,因为这些项目对于身体均衡全面的发展是有利的。

第二,要做到内外结合、形神一致。身体锻炼是由身体组织、器官和系统相互配合、共同完成的。运动时,一定要注意骨骼、肌肉等形态上的发达程度,同时,内脏器官、系统的锻炼也要有所加强,从而能较好地做到内外结合、形神一致,使全面发展得以实现。

4. 坚持经常性原则

终身体育,讲求的是进行身体锻炼的经常性与长期性,体质的增强并不是靠一次或几次的锻炼就能实现的,是需要持之以恒地锻炼的,否则,人体的基本活动能力不仅不会提高,还有可能连当前的水平都保持不住。

经常进行身体运动锻炼,能有效促进人体的新陈代谢以及体内异化作用,从而强化同化作用,体内物质的合成的速度也有所提升,这样一来,人体结构和功能的变化逐渐得到增强、提高和完善。经过长期不懈的身体锻炼,能逐渐使骨骼更加坚实、韧带更加牢固、肌肉更加粗壮、肺活量更大,其作用就由此显现了出来。要想取得显著的锻炼效果,就必须持之以恒,杜绝"三天打鱼,两天晒网"的情况。

在体育教学过程中贯彻坚持经常性原则,需要满足以下几个方面的要求。

第一,逐步养成自觉锻炼的习惯。身体的锻炼要逐渐形成一定的规律性,这样有利于使身体形成较稳定的生物节奏,使每一次锻炼都对身体产生好的影响,长期坚持,最终所收到的锻炼效果是非常理想的。

第二,要对身体锻炼进行科学安排,做到循序渐进。坚持终身进行身体锻炼,需要科学安排锻炼内容、锻炼方法以及锻炼手段等,要注意连贯性与系统性。同时,运动负荷的安排也是非常重要的,运动负荷是逐渐递增的。从总体上来说,身体锻炼要做到由简到繁、由易到难,逐步提高锻炼效果。

第三,要定期进行身体检查,使伤病得到有效预防,身体锻炼中出现伤病事故也尽可能得到避免。

5. 合理安排运动负荷原则

合理安排运动负荷的原则,就是指在身体锻炼中,恰当合理地安排运动负荷,使身体的生理负荷量,在满足增强体质需要的同时,也能与身体的实际承受能力相适应。运动负荷安排的恰当合理与否会对锻炼效果产生直接的影响。即只有适宜的运动负荷,才能使身体锻炼取得理想的锻炼效果,负荷过大、过小所产生的影响都是负面的,是对健康不利的。因此,在身体锻炼中必须遵循合理安排运动负荷的原则。

在制定合理安排运动负荷原则时,需要考量的重要依据有两个方面:一方面是有机体对运动负荷的适应性。运动负荷包括活动强度、时间、密度、数量和活动项目特点等方面内容,具体来说,其是施加于人体的一种综合运动刺激,身体锻炼水平的不断提高,使运动负荷的承受能力也逐渐提高。另一方面是人体生理的超量恢复。可以说,身体锻炼促成的体质增强,实际上就是在经常的超量恢复和合理地安排锻炼的休息间隔的过程中逐渐实现的。

在体育教学过程中贯彻合理安排运动负荷原则,需要满足以下几个方面的要求。

第一,科学安排运动负荷的强度。练习的强度是根据运动对身体的刺激程度来计量的,一般采用测量脉搏的方法来控制。研究证明,锻炼强度在 50% ~ 80% 是较为理想的,如果低于 50% 锻炼强度,锻炼效果就会微乎其微;而大于 80% 往往会造成不必要的运动损伤。因此,通常将身体锻炼的脉搏控制在 110 ~ 160 次/分是较为适宜的。

第二,对每次的锻炼时间进行准确控制。通常,要根据运动强度来确定锻炼时间,每次 5 分钟以上都属于有效范围。如果条件允许,锻炼最好以 30 分钟至 1 小时为宜。

第三,从实际出发,对锻炼次数进行科学安排。坚持经常性的身体锻炼,锻炼次数的合理性是非常重要的,具体的安排根据锻炼者自身的实际情况决定。

(二)终身体育在体育教学中的科学实施

在体育教学过程中实施终身体育,可以从以下几个方面着手进行。

1. 构建一体化的小学到大学相衔接的终身体育教育

学校体育,可以按照学生年龄的大小分为不同的几个阶段,从低到高,逐渐串联为一个有机整体,具体来说,就是一个系统化的、自然衔接的体育教育、教学体系。

学校体育的发展,要在终身体育的思想指引下进行,同时,还要突出学生的主体地位,让学生在每个教育阶段都能根据其生理特点系统连贯地学习体育文化知识,做到教师主观与学生客观相一致,使学生的过去、现在、将来系统协调发展。针对这种情况,体育教师一定要全方位地把握终身体育。

2. 形成多样化、特色化的学校体育组织形式

学校体育组织形式,就是对学校体育活动的具体组织与安排方式,当然,这种安排方式是需要在特定的指导思想、目的和内容的基础上进行。通常,可以将学校体育的组织形式分为集体教

学形式、分组教学形式和个别教学形式。学校体育组织形式应该是多样化的，教师可以根据不同的教学内容、不同的教学资源以及不同发展层次的学生选择不同的体育组织形式并自如地转换。因此，这就赋予了学校体育组织形式多样化和特色化的特点。

在高等院校中，体育课通常都是以选修课的形式开展的，课程内容的主要运动项目也是以学生的兴趣、身体素质等特点为依据来选择和进行相应拓展的，从而让学生在自由选择和多次选择中发现自己的特长，最终确定适合于自己的项目。

（三）体育教学中终身体育的内容与方法选择

坚持终身进行身体锻炼，选择锻炼内容与方法是实现锻炼目的的前提条件。如果选择是科学合理的，那么通常可以将终身体育者的兴趣激发出来，巩固和提高锻炼者的积极性，在锻炼效果上也会有所提升。具体可以从以下几个方面着手。

1. 将目的明确下来

锻炼内容的选择，需要具备的一个重要前提条件，就是将锻炼的目的明确下来。在终身体育中有阶段性目的和长远的目的，有间接目的，也有直接目的，具体要以自身的实际情况和需要为依据，将锻炼的目的确定下来，然后选择能够实现锻炼目的项目。需要注意的是，锻炼目的应鲜明突出。锻炼内容的选择如果过于随意，将导致项目选择无所适从，应该是在健身的前提下，着重是想发展哪一方面，如发展力量，是发展上肢力量，还是发展下肢力量，都要非常具体。这样选择锻炼内容与确定锻炼方法和安排运动负荷，就能有的放矢，对于实现自己锻炼的目的也是有所裨益的。

2. 对实效的重视

参加身体锻炼，实效性是其主要追求。在实践中要注意选择对自己非常合适的锻炼项目，注意项目的特点、作用和实际价值，力求少而精，表面上的欣赏价值并不重要，不必过分重视。

3. 切实可行

不管是对锻炼内容的选择,还是锻炼方法的确定,都必须遵循从实际出发的原则。自己选择的内容与确定的锻炼方法必须要与自己的实际相符,并且具有可行性。

4. 适时为宜

不仅锻炼的形式、运动负荷等会对锻炼效果有影响,外部的环境也是重要的影响因素,比如四季的变化对锻炼内容的选择会产生不同的影响。因此选择身体锻炼内容时,要根据季节的变化,做出相应的安排,如夏季游泳,冬季滑冰。有些锻炼内容是要根据季节条件来选定的。锻炼内容的选定并不是完全一成不变的了,而是可以根据锻炼的不断推进以及其中一些因素的变化而适当进行调整的,只要总体上没有较大程度的变化即可。

第八章 现代体育教学功能实现与创新应用的保障体系

体育教学的功能是多种多样的,这些功能的实现对于体育教学的进一步发展和完善有着非常重要的意义。因此,保证这些功能的实现就成为一项非常重要的"后期"工作内容。在现代体育教学中,要从体育教学的各个方面入手来做好相应的保障工作,比如,体育教学主体的培养、体育教学体系的构建、体育教学环境的优化、体育教学管理的完善等,除此之外,随着科学技术的突飞猛进,现代新型科学技术在体育教学中的应用也是需要关注的一个重点。只有全面开展各项工作,现代体育教学的多方面功能才有可能实现,体育教学的创新与发展才能得到有力保证。

第一节 积极培养和发展体育教学主体

一、体育教师的培养与发展

(一)教师在体育教学中的主导地位

1. 对体育教学内容选择和加工的主导

在体育教学中,体育教学内容的选择和加工也是非常重要的工作内容之一,其也能将体育教师的主导性体现出来,这也使得体育教师成为了选择和加工体育教学内容的主导者。学生学习体育知识和相关技能,都是通过教师来实现的,可以说,教师这一桥梁作用是非常显著的。除此之外,体育教师在选择体育素材并进行加工方面的职责也是至关重要的。

2. 对体育教学方法选择和运用的主导

教学方法是体育教学得以顺利开展的重要手段,在这方面,体育教师的主导性主要体现在对其进行有效选择并加以运用。教学方法的选用是要根据教学内容和学生的实际情况来加以选用的。

3. 对学生良好学习方式的主导

良好学习方式的建立会对学生的学习产生积极的影响,因此,这就需要通过体育教学来引导学生形成良好的学习方式。要想具备这种掌握正确学习方法的能力,学生必须要以探究性和自主性的学习方式为基础,教师在这一过程中,要适当提供帮助,从而使学生能够顺利完成学习任务。

4. 对优良体育教学环境创造的主导

体育教学的教学环境相较于其他学科的教学环境是不同的,一般的,有利于体育教学的良好体育教学环境应该具有美观舒适、有激励性和安全性的特点。因此,这就要求体育教师要在创设良好的体育教学环境方面具有一定的能力,为学生掌握体育知识和技能提供帮助,并将已有的体育知识和技能进行迁移形成新技能。

5. 对学生体育学习评价的主导

体育教师的主导作用在学生体育学习的评价方面也有显著体现。学生平时的上课态度和学习方式,都是体育教师要注意的重要方面,从而以此为依据来对教学方式和内容进行适当调整,以保证体育教学效果。同时,这些方面也是体育教师对教学评价的主要内容,然后根据评价的结果来对学生进行区别对待,或积极鼓励,或适当表扬。体育教师通过教学反馈来对学生的学习进行终结性评价和形成性评价,通过组织学生之间的相互评价和学生的自我评价来推动体育学习的深入和发展。

(二)体育教师主导性的发挥

体育教师主导性的发挥主要包括"目标""路线""被导的主体"这三个方面的因素,具体如下。

1. 进一步了解并熟练掌握体育教材内容

体育教师要对体育教材有非常熟练的了解和掌握,具体来说,就是要明确体育"用什么教"和"怎么教"。还要熟悉体育教材及其背后的体育学科,对体育的文化体系和技能体系有个概念,对体育教材中的"科学体系"有必要的了解。

2. 对体育教学观念的认识要全面且深入

体育教师对体育教学观念的全面认识,具体是指体育教师要将体育的教学目的明确下来。体育教师要明确什么样的体育教育能满足社会发展的需求,明白体育学科的最终目的。

3. 对学生的身心发展特点及规律的了解要全面

一方面,学生在某些特征方面是统一的,体育教师可以此为依据来了解学生共同的学习兴趣、志向和要求,以及学生面临的学习难点。

另一方面,学生的特征也存在着差异性,以此为依据,体育教师要了解学生在学习兴趣、志向和要求方面的差异,以及学生各自面临的不同的学习难点。

(三)体育教师的可持续发展

1. 满足体育教师的需求,保证教师队伍的稳定性

从体育教师的切身需要出发,采取积极措施解决他们生活工作中的困难,满足体育教师的需求,使体育教师队伍保持较好的稳定性。具体的工作内容如下。

第一,全面提高师资队伍的政治思想素质,通过各种方式和

途径来对教师树立正确的人生观、世界观进行有效引导和培养,抓好师资队伍建设。

第二,要切实提高教师的待遇,使教师的社会价值与所得到的福利之间不要有太大的偏差。

第三,努力为中青年教师成长创造一个人尽其才、才尽其用的良好环境。积极引进博士、硕士,保证现有教师队伍的综合专业水平和稳定性。

2. 做好培养和培训工作,优化体育教师学历结构

师资队伍建设一直以来就是教育事业发展过程中的重点内容之一,但是,这项工作是非常难的,这就要求在这方面必须加强领导、全面规划和统一管理。

第一,建立起体育教师的档案,采用多种措施,通过多种渠道为体育教师的培养和培训提供机会,使体育教师的学历水平能够保持在一个较高的水准上。

第二,进一步规范体育教师的进修和管理工作。使体育教师得到定期的进修机会,同时,也要根据实际情况,适当资助体育教师的科研工作,使体育教师的素质和科研能力得到有效提升。

3. 大力改革体育教师管理,保证结构的合理性

要进一步完善教师考核管理体系,使聘任制得以完善,并不断强化职务聘任、岗位责任和考核。在体育教师的管理过程中,要坚持优胜劣汰原则。教师队伍的进入原则要更加严格。

二、体育教学中学生的培养与发展

(一)学生主体性在体育学习中的内容与形式

学生的主体性,就是指体育教师教学活动的开展是围绕学生来进行的。学生学习的主体性是靠人通过自觉能动性而获得的。人的主体性是个性的核心。

1. 体育学习内容的选择性

体育学习过程中,学生的选择性主要从选择学习内容和学习方式上得以体现。受现代教学思想、教育目标等方面因素的影响,学生主动参与教学内容选择是非常重要且必要的一项技能。因此,让学生在教学目标的框架内参与一部分教学内容选择,这是学生主体性发挥的需要和必然。

2. 体育学习过程中的自主性

体育学习过程中,学生的自主性在很多方面都有所体现。首先,是思想意识层面的自主性;其次,是学习行为层次的自主性;最后,在潜在能力的挖掘方面。

3. 体育学习过程中的能动性

学生积极地参与体育活动,并能以自己已有的体育知识经验、认知结构和情意结构去主动地同化外界的教育影响,对它们进行吸收、改造、加工或加以排斥,使新、旧体育知识进行新的组合。这些都体现出了学生在学习过程中的能动性。

(二)体育教学中学生主体性的发挥

1. 教师要以学生学习目标为依据来制定教学目标

在体育教学中,教师所制定的教学目标应该和学生学习的目标一致。但是仅仅这样是很不够的,体育教师还要将教授的目标转化成学生学习的目标。某种意义上来说,教师要将"站在学生的立场上看待目标"作为课前准备的重要内容。

2. 高度重视对学习方法的选择

对于体育教师来说,要将学生的主体性充分发挥出来,需要让学生按照自己乐于接受的、具有独特个性的学习方法进行学习。尽管当前我国的教育方式已经逐渐由被动向主动改变,但也还是需要在体育教学领域中加强自主性学习和研究性学习的比

第八章 构建现代体育教学功能实现与创新应用的科学保障体系

重,创设一种通过学生自发的、独立地发现问题,以及调查、搜集、实验、处理结果信息、表达与交流等学习方式,对学生自主探索的精神和创新意识进行重点培养。

(三)学生在体育教学中的全面发展

1. 加大体育教学改革力度

体育教学改革的实施,对于体育教学效果的提升有着非常显著的意义。不仅在教学内容上要更加丰富和充实,还要选用新的教学方法和现代化的教学手段,这是体育教学发展的必然要求。新的体育教学方法和现代化教学手段能够更加直观地将体育教学的内容展示出来,这有利于学生更准确地掌握体育知识,同时还能增加教学的趣味性,能有效提升学生参与教学活动的积极性和学习效率。

2. 提高教师综合素质

体育教师也是体育教学中的重要参与者,其综合素质的高低会对学生的学习兴趣以及教学效果产生直接的影响,因此,师资队伍在现代体育教学中的作用是极为重要的,提高教师的综合素质也成为非常重要且必要的工作任务。从体育教师自身来说,首先要对自己提出严格的要求,创造更多学习的机会,不断进行进修和深造,使自己的综合素质都得到有效提升。

第二节 建立完善的体育教学体系

一、选择合适的体育教学内容

(一)体育教学内容概述

体育教学内容,就是以要实现的教学目标为参照标准,来选择所需要的体育知识和技能体系等,并加以运用。体育教学内容作为体育教学的一个重要组成部分,会严重影响到体育教学的整体质量和最终效果。

体育教学内容丰富多样,涉及面也非常广泛,因此,在分类上采用的方法也有很多种,常见的有以下几种。

1. 按照体育教学目标划分

不同体育教学目标所要求采取的教学方法是各不相同的,以此为依据,可以将体育教学内容分为体育运动技能、科学锻炼方法、安全意识与能力、体能、学生心理素质、学生社会交往能力、基本活动能力等。

2. 按照体育的功能划分

体育教学内容是非常丰富的,涉及的体育运动项目也是多种多样的,不同体育运动项目的功能也各不相同,因此,按照这一标准,可以将体育教学内容分为多种类型,比如,运动参与类、运动技能类、身体健康类、心理健康类以及社会适应类等。

3. 按照人体基本活动能力划分

人体的基本活动能力根据不同身体部分的参与程度会有不同的划分,比如,走、跑、跳、攀登、负重等,按照此标准,就可以对体育教学内容进行重新分类组合。

4. 按照身体素质划分

学生是体育教学的主体,其身体素质则是体育教学过程中要考虑的重要依据。按照这一标准,常用的分类方法有这样几种:第一,按照与动作技能相关的体能、力量、速度、灵敏、平衡、协调、反应等进行分类;第二,按照与健康相关的体能、身体成分、肌肉力量、心肺耐力、肌肉耐力、柔韧性等进行分类。

5. 按照运动项目划分

按照各个运动项目的名称和内容,可以分为球类、体操、田径、武术、体育舞蹈、冰雪运动、水上运动等,进而对各式各样的运动项目以及特点加以详细的划分。

6. 综合交叉分类

这种分类方法是将上述几种分类方法结合起来并加以运用的,可以将其理解为将基本部分与选用部分、理论与实践教学内容、各项运动的基本教学内容与发展身体素质练习教学内容等相互交叉的综合分类方法。

(二)体育教学内容的选择

进行体育教学内容的选择,是需要在一定依据基础上进行的,具体来说,体育教学内容选择的依据主要有体育课程目标、学生的需要及身心发展规律、社会发展的需要、体育教学素材的特性等这几方面。

选择体育教学内容,仅仅参照相关依据、遵循基本原则是远远不够的,科学合理的程序直接关系到体育教学内容选择的合适与否。具体来说,选择体育教学内容的过程大致分为以下几个方面。

1. 对体育素材的价值进行评估

在选择体育教学内容前,体育教师首先要结合其对当今社会的关注,从社会发展以及教育领域的实际情况和需要出发,先深入分析现有的体育素材,然后对其进行综合评价,同时,作出相关的论证,论证的内容包括所选内容能否促进学生的身体健康、能否督促学生主动进行体育锻炼、能否提高学生的思想品质等,然后以得出的结果为依据,最终将合适的体育教学内容确定下来。

2. 对不同的运动项目与练习加以整合

由于体育教学中包含的运动项目和身体锻炼形式是非常丰富且多种多样的,它们对学生的身心所产生的作用和影响也各有差别。因此,这就要求体育教师首先充分剖析已经指定的体育教学目标,然后将其与各个体育运动项目的特点和作用结合起来,并且通过科学的整合、加工,来最终将适宜的体育教学内容确定下来。

3. 选择与实际需要相适应的体育运动项目

体育运动项目与身体练习具有显著的多功能性与多指向性的特点,这就对它们的可替代性特点起到了决定性的影响。因此,学校体育教学内容在运动项目方面可选择性强。但是,受有限的体育教学时间的限制,是不可能完成所有的体育运动项目和身体练习的教学的,因此,这就要求体育教师根据实际情况,并结合学生的身心特点与兴趣爱好,将那些典型、常见的体育运动项目和身体练习作为学校体育教学内容的最佳选择。

4. 客观、实际地分析所选内容的可行性

选好体育教学内容后,并不是万事大吉了,接下来需要对所选择的教学内容加以运用,在这之前还必须进行的最后一步就是分析该体育教学内容的可行性,只有可行性较为理想,才是能够加以运用的理想选择。具体来说,需要对本地区地域、气候和本校的场地、器材等条件的制约与影响等进行重点分析,同时,还要分析教学计划在这些特殊环境中的可行性,并要保证各地、各校执行的弹性,为教师实施体育教学内容留下足够的余地。

二、运用科学的体育教学方法

(一)体育教学方法概述

在体育教学中,为了实现既定的体育教学目标,就需要采取一定的方法来将体育教学内容由体育教师传授给学生,而在传授过程中用到的具有指引性和可操作性的教学方式、途径和手段的总称,就是所谓的体育教学方法。

目前,较为流行的、传统的体育教学方法的分类,是按达到体育教学目标的途径和活动方式来分,可将体育教学方法分为教法、学法、练法和育法四种类型。下面就对这四种类型进行简要阐述。

1. 教法类体育教学方法

一般来说,教法类的体育教学方法又可以分为两种具体的教学方法:一种是体育保健知识教学方法,一种是体育技术技能教学方法。

2. 学法类体育教学方法

学法类体育教学方法,就是对学生学习起到指导作用的方法。这类型体育教学方法关注的重点在于使学生愿学、会学,最终达到能够学以致用,并能形成良好的学习和锻炼习惯的目的。

3. 练法类体育教学方法

这种体育教学方法是体育教学里面最具本质特征的方法。其主要功能是促进学生身体的发展、体质的增强。其关注的重点在于在体育教学过程中,指导学生明确练法的作用和意义,掌握练习的策略,把握各种练法之间的相互联系,使之能做到举一反三、合理运用。

4. 育法类体育教学方法

这一类型体育教学方法的主要任务是对学生进行思想品德教育和美育。在体育教学中运用这一类型的教学方法时,要关注的重点在于培养学生顽强的意识品质和团结协作的精神,促进学生身心健康发展和竞争意识的形成,引导学生追求健康美,建立正确的审美观,提高美的表现力和美的创造能力。

(二)体育教学方法的选用

在长期的体育教学实践中,人们在体育教学方法方面已经积累了不少的经验,但是,随着现代教育技术的发展和教学改革的不断深入,一些教学方法因为无法与不断发展的社会形式以及教学需要相适应,逐渐被摈弃掉,同时,为了满足发展的时代需求,也会不断研究出新的教学方法来发挥应有的作用。因此,体育教学方法的种类越来越多,体育教师对此的选择面不断扩大,这就对体育教师在体育教学方法方面的选用提出了严苛的要求,这是保证理想教学效果的一个重要影响因素,要引起重视。

另外需要强调的是,体育教学方法选择与运用是在一定的依据基础上进行的,具体来说,主要包括体育教学的具体目标与任务,教材内容的性质和特点,学生的实际情况,教师自身的素质,体育教学方法各自独特的功能、适用范围、使用条件,教学时间和效率的要求,教学的物质条件等方面。

三、采用适宜的体育教学模式

(一)体育教学模式概述

体育教学模式,可以将其理解为体育教学实施与发展的一个大体框架,这一框架是由多种因素共同组成的,有体育教学思想、体育教学目标、体育教学环境等。

为了便于理解,也可以将体育教学理解为一个开放系统,在这个系统中有教学思想、教师和学生、课程教材、教法学法、场地器材及结构程序等,要强调的是,这一开放系统是具有可控性的。以系统科学的原理和体育教学模式的概念特征为主要依据,可以将体育教学模式的结构分为教学思想、教学目标、操作程序、实现条件、评价五个方面。其中,操作程序和实现条件都是各个教学模式自身所特有的,从中也能将不同教学模式的特点反映出来。另外,在评价方面,由于不同的教学模式完成的教学目标、使用的程序和条件也会存在着一定的差异性,因而在评价方法和评价标准上也要遵循差异性原则。任何教学模式都要有自己的评价标准和方法,因此,切忌采用统一的评价标准和方法来进行评价。

（二）常见的几种体育教学模式

1. 传统运动技能教学模式

这种传统的教学模式在我国体育教学领域中长期居于主导地位。该模式以教师为中心、为主导，十分重视教师的主导作用。这种对于有一定运动技能基础的学生较为适用。这一教学模式的操作程序为：教学准备（教师提出教学任务）——定向认知学习（教师进行讲解示范）——分解练习、完整练习、巩固练习、应用练习——教学结束（教师对学生做出评价）。

2. 小群体体育教学模式

小群体教学模式是通过分组的形式，来将组内学生的凝聚力激发出来，使他们能够团结一致，共同提高小组的竞争力；学生在组内相互帮助，不仅能保证竞争的良好环境，还能使各自的适应能力和心理素质都得到提升。这种教学模式对学生人数、教学条件都有一定的要求，其具体的操作程序为：教师提出要求——小集团组成——小集团学习——集团间活动——集团解散。

3. 快乐体育教学模式

快乐体育教学模式主张学生在学习体育运动技能的同时也体会到运动的乐趣，并通过对运动乐趣的不断体验来培养学生终身体育意识。这种教学模式对教学内容的难度、教师经验都有一定要求。其操作程序为：提出问题——创设情景——激发动机——实践探索——诱发点拨——体验发现——获得满足。

4. 发现式体育教学模式

"发现式教学模式"能够有效开发学生的智力，调动学生思维的主动性、积极性，增加学生学习的趣味性，提高学生学习的有效性。其操作程序为：设置教学情境——结合教学情境提出问题——进行初步的尝试性练习——寻找问题的答案——验证假说，得出答案——进行正常的运动技术教学——结束单元教学。

5. 成功体育教学模式

成功体育教学模式主张让学生多体验成功,但是对于过程中的失败也不用刻意回避,要正确面对,对竞争和协同的作用同样重视,主张将相对的评价与绝对评价相结合起来,主张营造温暖的集体学习氛围,强调既懂又会的学习效果。这一教学模式对教学场地与器材条件、教学形式以及教师都有较高的要求。其教学程序为:改造教材——教学诊断——设立自我目标——超越自我——体验成功。

第三节 营造出和谐的体育教学环境

一、体育教学环境的含义

在教学活动中,教师和学生的双边活动都会受到一些外在因素的影响,这些因素的综合,就是所谓的教学环境。

通常,可以从广义和狭义两个方面来对教学环境进行了解和认识。广义上来说,教学环境就是对教学产生影响的所有社会环境的总和;狭义上来说,教学环境则指的是学校教学活动所需要的环境,主要涉及物质、制度与集体心理等各个方面。

我们这里要研究的体育教学环境就属于狭义上的教学环境的范畴。由此,可以将体育教学环境定义为:体育教学环境是对体育"教"和"学"效果有影响的、显性的和隐性的教学条件以及这些条件共同构成的教学氛围。

二、体育教学环境的构成

体育教学环境的构成因素是多种多样的,具体可以根据不同的依据进行划分。比如,显性的、半隐性的和隐性的体育教学环境是按照体育教学环境的直观性来划分的;制度环境、物质环境

第八章　构建现代体育教学功能实现与创新应用的科学保障体系

和集体环境这三种类型,则是按照体育教学环境的具体形态划分的(表8-1)。

表8-1　体育教学环境构造

分类依据	体育教学环境的具体类别
直观性	显性环境、半隐性环境、隐性环境
具体形态	物质环境、制度环境、集体环境

(一)物质环境

体育教学的物质环境是体育教学环境的显性因素,具体来说,就是那些有形的体育教学场地、设施、器材等物体以及它们的形状、颜色、工艺精度、清洁度、完好度、安置位置、排列方式等物理性质所构成的教学氛围。体育教学的物理环境的因子和因子性质见表8-2,物理因子性质与体育教学环境的关系见表8-3。

表8-2　体育教学物质环境的因子和因子性质

	体育教学的物质环境
因子	体育场地、场地周边的物体、体育设施、运动器具、教具、运动服装
因子性质	形状、颜色、工艺精度、清洁度、新旧程度、完好度、设置的合理与美观

表8-3　物理因子性质与体育教学环境的关系

因子	两者的关系
体育场地	运动场地的地表材料、颜色以及清洁度,都属于体育教学环境的重要组成部分。优质、色彩鲜艳和整洁的体育场地,是属于良好的体育教学环境中的一个方面,其能够将学生的运动兴趣有效激发出来,还可以给学生以安全感,甚至可以自然地提高学生的运动强度。场地上清晰和规范的场地线也是体育教学环境良好的一个表现形式,这对于学生严格遵守规则是有利的
场地周边物体	运动场地周边的景物色调以及与体育场地的协调感,都属于体育教学环境的重要组成部分。漂亮和谐的校舍、树木、草坪、体育围网、栏杆以及可以看到的其他景色,都是良好的体育教学环境的衡量标准,其会对体育教学及学生产生积极影响,比如,使学生感到安逸和安全,能将学生的学习积极性调动起来,消除恐惧感和疲劳感。春夏季节里,足够的树荫还可以使学生感到清凉

· 213 ·

续表

因子	两者的关系
体育设施	体育场地里和周围设置的体育设施的质量、多少、颜色以及清洁度都是衡量体育教学环境的重要指标。良好的体育教学环境中涉及体育设施方面的良好标准为：体育设施排列合理美观、数量适当、色彩鲜艳和整洁。这样的环境因素能够对学生运动产生较强的感召力，形成的运动氛围也是和谐的
运动器具	体育器具的材料、形状、颜色、清洁度、完好度和新旧程度是能够对体育教学环境中运动器械的条件进行衡量。材料优质、形状合理衡量、色彩鲜艳和完好的体育场地会极大地激发学生的运动兴趣，可以潜移默化地提高运动的强度，会给予学生以运动的安全感
教具	体育教师带到体育课堂上的挂图、模型、黑板、多媒体设备等都属于体育教具的范畴。这些教具的质量和科技含量也是衡量体育教学环境优劣的一个重要指标。加工精美并深含知识性的教具，也是创造良好体育教学环境的一个重要因素，由此，能使体育教学的文化氛围大大提升，体育教学的学术性色彩也会更加浓厚，学生的问题意识和思考能力会进一步强化，有利于学生的探究性学习和创新性学习
运动服装	教师和学生的运动服装也是体育教学环境的一个重要衡量指标。一般的，优质、色彩鲜艳、合身和整齐划一的运动服装能在一定程度上体现出良好的体育教学环境，这种环境会使学生感到与集体的融合，还会增强学生的自信，符合运动特点的服装还能增强运动强度和运动的安全性

（二）制度环境

体育教学的制度环境，是属于体育教学环境中的半显性因素的范畴，究其原因，是因为制度的呈现有时候是明确的文字，有时是师生头脑中或口头上的共同约定。制度因素是物质因素与集体因素之间的连接体，因为一部分制度因素与物质因素有着密切的联系，有一部分制度因素则与集体因素关系密切，体育教学制度因素的优劣所形成的高效率与低效率、严谨和不严谨都会在很大程度上影响到学生的体育学习氛围。体育教学制度环境的因子和因子性质见表8-4，制度因子性质与体育教学环境的关系见表8-5。

第八章 构建现代体育教学功能实现与创新应用的科学保障体系

表 8-4 体育教学制度环境的因子和因子性质

	体育教学的制度环境
因子	教学常规、组织纪律、行为规范、运动规则
因子性质	有无、多少、强弱、明确与否、执行情况

表 8-5 制度因子性质与体育教学环境的关系

因子	两者的关系
教学常规	教学常规是维持一般教学秩序所制定出来的制度，是体育教学制度环境的构成要素之一。体育教学中需要的教学常规应该是严肃、有意义和仪式性很强的，这样的教学常规能够起到感召学生的积极性，使学生受到感染，并能使学生尊重课堂、尊重老师的作用，同时，课堂常规还是保证安全运动环境的措施
组织纪律	组织纪律是维护集体活动有效率地进行，维系正常的人际关系和集体约束，也是构成体育教学制度环境的重要因素。合理而适度地对长幼上下进行规定能使集体活动富有效率，能使集体具有良好的风气，能使不良的行为受到约束和批评，因此，能提高教学质量并使教学富有教育意义
行为规范	行为规范是教师和学生在扮演个人角色时的行为准则，对每个个体行为规范的明确规定也是体育教学制度环境不可缺少的因素。大多数文明、友善和具有集体性的个人行为可以使集体具有良好的风气，能使个别不良的行为受到约束和批评，能提高教学质量并使教学的氛围富有教育意义
运动规则	运动规则是体育教学中特有的制度，是体育教学制度环境中鲜明的特征性因素。合理的运动规则可使体育比赛具有公平性和比赛结果的不确定性，使体育学习和竞赛充满乐趣，制定一些特殊的规则还可以照顾学生的个体差异，使每个学生不因不可抗拒的先天身体条件而被排除在竞争与合作之外，合理的运动规则还能提高教学质量，并使教学的氛围富有教育意义

（三）集体环境

体育教学环境的隐性因素是体育教学的集体环境，是体育学习集体构成因素的优劣所形成的无形中影响学生体育学习的教学氛围，其中包含了平等与不平等、和谐与不和谐、友善与不友善、团结与不团结、合作与不合作、宽容与不宽容等。体育教学的集体环境的因子和因子性质见表 8-6，集体因子性质与体育教学环境的关系见表 8-7。

表 8-6 体育教学集体环境的因子和因子性质

	体育教学的集体环境
因子	师生关系、共同目标、集体意识、领导核心、职责分工、集体活动
因子性质	有无、好坏、强弱、明确与否、多少

表 8-7 集体因子性质与体育教学环境的关系

因子	两者的关系
师生关系	师生关系是构成体育教学集体环境的第一重要因素。教书育人、平等温暖和尊师爱生的师生关系会极大地激发学生的学习愿望，教师的知识和人格魅力会使学生喜爱体育课，是重要的学习动力因素，良好的师生关系会使学生更积极地进行探究性和创新性学习，良好的师生关系还可以给学生安全感
共同目标	学生集体共同目标的有无和多少是构成体育教学集体环境的重要因素。每个学生与集体目标的重合会使学生具有学习动力、形成归属感、增强自信心，会使体育学习的氛围更加浓郁
集体意识	学生集体意识的强弱是构成体育教学集体环境的另一个重要因素。集体荣辱感的形成会帮助学生具有归属感、增强自信心，有助于形成体育学习和体育比赛的强大动力，在集体意识中也蕴藏着非常重要的教育因素
领导核心	学生集体的领导核心是体育教学集体环境的构成要素之一。班集体和小组集体的领导核心要求必须得是明确的和有威信的，这样会使学生具有信任感和安全感，会感到温暖，并能提高体育学习的效率，形成体育比赛的强大竞争力，在集体中形成榜样的教育因素
职责分工	学生集体内职责分工的明确与否也是构成体育教学集体环境的一个重要因素。协调公平的责任分担和各尽其职会促进集体的和谐气氛，会使每个成员具有安心感，会使集体的活动有秩序和有效率
集体活动	学生集体活动的多少也是构成体育教学集体环境的重要因素。多样和适量集体的活动是上述集体因素得以起作用的保证。适量的集体活动可以使体育教学具有一致性，可以促进学生的集体思考，形成学生的集体归属感

三、体育教学环境的优化

自然环境强调的是保护，与之不同，体育教学环境强调的则是营造，以及维护和修缮。体育教学环境的优化，不仅涉及到学校和体育教师，还与学生有着密切关系，因此，对体育教学环境的优化，是学校、体育教师和学生共同的责任和任务，需要他们共同参与、共同努力才能实现。

第八章 构建现代体育教学功能实现与创新应用的科学保障体系

某种意义上来说,体育环境的优化就是根据体育教学的实际情况,对体育教学环境进行必要设计、营造和维护的工作。影响体育教学环境的因素很多,因此,要保证体育教学环境的良好氛围,就要保证其中的因素是科学合理的,就必须科学选择、组合、控制和改善各方面因素,最大限度地利用体育教学环境中的有利因素,抑制或消除各种不利因素,以实现体育教学的最佳氛围,这个最佳的氛围应是如下的景象:景色美观、安全舒适、规则明确、秩序井然、尊师爱生、同伴友助、资源分享、共同进步。

由于体育场地周边环境的优化比较复杂,而运动服装的优化又比较简单,因此,体育教学的物质环境的主要工作包括:体育教学场地和设施的美化、体育教学器具的美化两大方面。

(一)体育教学场地和设施的美化

体育教学场地和设施环境的美化主要体现在建设时的设计和建设后的维护与管理。

1. 优化体育教学场地和设施的注意事项

(1)要注意体育教学场地与设施的材料问题

当前,我国的学校体育室外场地多采用塑胶或人工草皮铺装。这类材料包含的种类比较多,而且产品更新速度较快,因此,在选材时一定要事先就对此进行研究和论证,同时,还要严格遵循基本的节约和实用原则,同时对地理区域和气候等方面的因素进行综合考虑,一般地,天然草皮和土质场地是很少在北方看到的。体育设施可以购买和自制,但材料的质量相差较大,因此,在自制各种体育器材时要选用结实和表面光滑的材料。

(2)要注意体育教学场地与设施的颜色问题

当前,我国的学校体育场地采用的颜色主要为红色的跑道,当然也不乏彩色跑道和彩色场地,因此,体育教学场地也有色彩选择的问题。在设计体育教学场地的颜色时,要以色彩学原理和场地周围景物的色调为依据。

（3）要注意体育教学场地与设施的布局问题

当前，我国的学校体育场地的布局主要是球类场地和体操设施围绕型跑道的布局，随着体育教学内容改革的推进，这种传统的布局也发生了一定的变化，多样性特点越来越显著，综合利用化的趋势越来越明显，并且现在还出现了不设环形跑道的呼声和实践，因此有符合学校传统项目的个性化布局设计就很重要了。各个场地和设施之间距离要合理，体育场地设施的布置要尽量避免教学的相互干扰并便于管理，层次要分明、整齐而有序，场地和设施内外要有必要的标画和标志物，使人一目了然。此外，在体育场地中画出各种游戏的场地还能使场地的美观和多功能化更加显著。

2. 建设后的体育教学场地和设施优化的主要工作

（1）对体育教学场地和设施的维护

建设后的体育教学场地和设施，是需要进行定期的维护的，这样能使其使用寿命得到有效延长。但是要注意，这方面的维护工作是有章可循的，并不是随意而为就能达到既定保养效果的。具体来说，首先必须按照事先建立的体育场地使用制度从事相关的维护工作，尤其要注意一些禁止的事宜。维护工作中，一定要保证安全性，使环境对体育教学过程产生的作用尽可能减小，保证教学活动和学生的安全，尽可能通过检查和预判清除掉危险隐患，保证体育教学活动的顺利进行。

（2）对体育教学场地和设施的清洁

从优化学生健康环境的角度出发，必须认真对待体育设施和器具的卫生问题，具体采取的措施比如，将体育教学设施打扫干净、游泳池经常换水和消毒等。学校体育场地和设施的清洁主要是依靠日常的清洁值班制度，应该让学生在课后进行体育场地和设施的清洁工作，融卫生和教育于一体。另外，便利和足够的清洁工具也是搞好体育场地和设施清洁工作的重要因素。

（二）体育教学器具的美化

这里所说的体育教学器具,主要是指体育器材和教具。当前,成为商品的体育器具越来越多,商品的多样性和精美程度都非常高了,因此,也就将体育教学器具的美化纳入到体育教学环境的组成因素范畴中了。体育教学器具的美化主要在使用前的设计和使用中的管理和购置两大方面的工作上得以体现。需要强调的是,在设计和购置体育教学器具时,一定要对材料、颜色和用途三个方面的问题进行重点考量。设计和购置后的体育教学器具的优化主要是维护与清洁两方面的工作。

第四节 做好体育教学的科学管理工作

一、体育教学管理的概念

体育教学管理可以细分为不同的子系统,这些各子系统的划分并不是随意的,而是要始终与体育教学管理的总目标保持一致的。同时,各子系统之间并不是各自独立的,而是相互影响、相互促进的关系,它们的共同目标是更好地实现体育教学管理。

通常,可以将体育教学管理的概念界定为:拥有一定管理权力的组织和个人对体育系统的人力、财力、物力、信息、时间等要素进行计划、组织、协调、控制等过程。

二、体育教学管理的目标

（一）体育教学管理的总目标

体育教育中包含着体育教学,因此,要分析体育教学管理的总目标,就要首先对体育教育管理的总目标加以了解,这两者之间的关系是非常密切的。

关于我国体育教育的总目标,可以概括为"增强学生体质、促进学生身心健康,培养学生的终身体育意识及能力,使其成为德、智、体全面发展的社会主义事业建设人才"。

因此,现代体育教学管理的目标必须在现代体育教育的总目标下,应与现代体育教育的方向一致,为实现现代体育教育的总目标而服务。

(二)体育教学管理的层次划分

体育教学管理系统的目标可以进一步细分为很多子系统的子目标。

以体育教学管理目标的层次为依据,可将体育教学管理目标大致分为体育教学管理的总目标、体育教学管理的下一层目标、体育教学管理的具体目标。体育目标的层次和结构能够将体育教育目标体系反映出来,体育总目标的实现需要不同层次目标的协同作用。体育教学管理中各个目标的实现与体育各项工作的管理之间是密不可分的关系。进行体育教学管理就是为了使体育教学中各项体育目标的实现得到保证。

三、体育教学管理发展采取的对策

对于体育教学管理来说,必须不断发展,才能与现代社会的发展相适应,具体可采用的对策主要有以下几个方面。

(一)做好体育教学管理人员的素质建设工作

体育教学管理人员,是体育教学管理的主体和实施者,其素质水平的高低直接关乎管理的质量,因此,做好体育教学管理人员的素质建设工作至关重要。

第八章 构建现代体育教学功能实现与创新应用的科学保障体系

1. 提升思想素质

一个人的行为是受到其思想的指挥而实现的,因此,思想素质的提升是首要任务。对于体育教学管理人员来说,首先要充分了解到体育教学的特殊地位和作用,在此基础上,调整自身的心理状态和情绪,热心对待每一名学生,并提升服务意识,提升整体管理效能。

2. 做好业务素质建设工作

体育教学管理人员专业工作的开展,都是在现有的体育教学现状的基础上进行的,因此,要求其必须要时刻了解学校体育教学现状,尤其是对当前学校体育教育管理制度有全面的了解,清楚从事体育教育管理方面的工作性质与内容,同时,还要做好管理水平的提升与转变。

3. 充分发挥教师的主导作用

首先要做好教学理念与管理理念方面的建设工作,同时,体育教学计划的制定也至关重要,不可忽视,因此,就要求在制定教学计划时,必须遵循学生的基本运动素质,不能将相关项目的计划时数、学习内容、教学要求等规定得太过严肃,要有一定的弹性,充分发挥好教师在课程设计方面的主动性,并特别关注学生的学习进度的可变性。

(二)从实际出发,更好地为学生提供优质教育服务

1. 学校体育教育管理需要从实际出发

根据学生的生长发育特点和学习需求,体育教师应该做到对学生特点的准确把握,然后以此来对症下药,在整个体育教学管理的过程中,及时总结经验,参照相关法律依据来实行教育探究与教育改革,敢于创新,摆脱固有的思想,发展出适应新时期学生体育教育基本的管理方法与教育模式,使用多样化的开放式教育,让学生对学习知识的重要性有较为全面的了解和认识。

2. 为学生提供优质教育服务

学生是学校体育教育管理的主要服务对象,为全校学生提供优质的服务,让学生感到满意是体育教学管理最初的目的,而要实现这一目的,就需要学校能够对自身的基本职能有充分的了解。一般地,学校职能包括三个方面:社会服务职能、培养职能、教育职能。

(三)对学生综合能力的培养重视程度高

体育教育教师在从事体育教学工作之前,首先要做的一项重要工作就是全面且深入地了解学生的实际情况,然后以此为依据,制定与体育教学理念的教学目标,探寻学生综合素养的平衡点。体育教师的职责,不仅仅局限于将体育相关的知识传授给学生,还要让学生从深层次上了解和认识体育文化,充分体验到体育的魅力,这对于他们更好地学习并参与体育教学中,是非常有利的。

四、体育教学管理的改革与创新

体育教学管理在发展的同时,还要进行必要的改革和创新,为其持续性的科学发展创造有利条件。具体可以从以下几个方面着手来进行改革和创新。

(一)体育教学管理观念创新

体育教学管理观念会对管理活动的开展与教学活动的效果产生直接的影响。换句话说,行为活动是在思想观念的指导下进行的,因此,这就要求首先必须从观念上入手来进行改革创新。具体来说,体育教学管理观念要着眼于体育教学本身,结合当今社会发展的大环境与大背景,把体育教学工作面向现代化,不断激发学生求知创新能力,以落实以健康为根本的管理观念。在体

第八章 构建现代体育教学功能实现与创新应用的科学保障体系

育教学中,各项环节的改革和创新都必须与时代发展相贴合,以国家与社会的未来发展为着眼点,不断进行创新,从而使社会大众对体育教学的要求和期望得到满足,面向现代体育教学的管理理念,必须与学校体育的发展趋势相符。

以落实健康为根本的管理观念是以人为本理念在体育教学管理领域的延伸,这种具有创新意义的新型管理观念,不仅能将体育教学活动的根本目的体现出来,即让学生形成科学健身的健康观念,形成积极参与体育锻炼的习惯,同时也为社会输送全面发展的人才奠定重要基础。除此之外,终身体育也是新型的思想观念,这也是需要将体育教学管理需要纳入其中的重要观念,把对每个学生运动能力的培养和主动锻炼的习惯作为现代体育教学的重要内容,并落实到具体教学目标与任务中,将终身教育理念与以人为本理念的结合起来是体育教学管理理念创新的基础。

(二)体育教学管理活动创新

在将体育教学管理的观念加以创新之后,就可以将这些观念运用于体育教学管理的实践活动中了,以此来实现体育教学管理活动的创新。

体育教学管理活动作为教学中的活动形式,与体育教学之外的社会有着密切联系,而体育教学管理活动的开展,是为了促进体育教学的发展而进行的,这也就意味着其与社会的发展需求也是相符的。体育教学管理活动的开展会随着社会的发展而发展,因此,这就赋予了其发展变化性的特点,在内容上也是,学生要经过学习,将体育活动内容逐渐掌握,并且逐渐形成终身体育的习惯,以此来为学生走出校门、走向社会奠定基础,体育教学管理实现创新就必须充分认识这一变化情况,适时进行调整,赋予管理的时效性。

(三)体育教学管理体制创新

创新的体育教学管理体制必须要具有完整性和科学性的特点。

在制定完备的管理制度基础上,还要进行科学有效的实施,并且在实施过程中要遵循一定的原则和要求,从而保证创新效果的理想化。

首先,采用扁平化管理结构并加以实施,使体育教学管理的效率得以提高,管理的权力意识如果过于强烈就需要进行适当弱化,使之与学校"去行政化"的管理理念相符,同时,也要充分体现出各管理要素的效率价值。

其次,要使体育教学管理的核心目标与使命得到进一步的强化,体育教师要增强自身在管理方面的责任感,通过各种举措来有效提高学校体育教学质量,以此来有效保证学生在体育教学活动中主体权益的体现,使学生能够尽快形成终身体育的观念和习惯,这在管理体制创新中是处于灵魂地位的,不可忽视。

(四)体育教学管理机制创新

在体育教学管理的机制创新中,所包含的重要内容之一就是激励机制的建立,激励的作用是非常显著的,不仅能增强教师与学生的积极性,还能有效增强其参与体育教学活动的动力,薪酬激励、荣誉激励、成绩激励等都是较为常用的激励方式。学生个体在各自的客观条件和主观意愿上,都是有着或大或小的差别,比如,身体素质、心理状态、运动水平等,这就要求体育教师要对这些方面进行充分考虑,以便有针对性和目的性地去将学生各自的学习兴趣激发出来。在体育教学中采用的激励方法也是因人而异的,这对于体育教学管理形式的多样化和体育教学管理机制的理想化目标实现都是有利的。

第五节 在体育教学中应用新型科学技术

随着科学技术的不断发展和革新,其在各个领域中都有了广泛的应用,在教育领域也是如此。体育教师作为体育教学的主导

第八章 构建现代体育教学功能实现与创新应用的科学保障体系

者,要从自身出发,积极主动地改变观念和行动,以新的眼光来对待学生,以新的方法来改变教学方式,从而使体育教学的效果得到进一步的提升。

一、微课在体育教学中的应用

(一)微课在体育教学中的优越性

1. 微课教学主题鲜明、突出

在做体育微课的选题时,首先要保证其主题鲜明、突出。在此基础上,再将课程主题确定下来,课程主题通常为体育活动教学中的特定知识点。体育微课教学采用的教学方式为视频,而视频的时间是有限的,视频结束后,学生也无法向老师提出问题。因此,这就要求微课的教学内容必须是焦点、重点、难点、易错点,这些都是处于核心地位的,具体来说,是没有内容限制的,任何一个学习环节、学习主题、学习任务都可以,具体要以学生的实际需要为标准,对自己所要教授的微课程加以选择,这样,不但能有效节省学生的学习时间,还能使学生学习的针对性更强,相对于传统的课堂教学,微课教学所产生的效果会更好,这与其筛选的精炼的教学内容以及较高的教学效率和教学质量不无关系。

在体育教学过程中运用微课这一教学形式,能够将其特殊作用充分发挥出来。

第一,借助微课的形式来进行课前预习,在随后的课堂练习中,能够获取的理论指导会更多。

第二,借助微课的形式引入正式的课堂学习,观看制作好的微课教学视频,能够将学生对微课程的浓厚兴趣激发出来,有利于取得良好的教学效果。

第三,借助微课的形式来进行课堂总结,使学生对自我认知的准确性更强一些。

第四,借助微课的形式来学习课外内容,能更好地指导体育技能的运用,大大增强学生自主学习的能力。

2. 微课教学时间短且精

心理学研究发现,成年人高度集中注意力去完成一个简单枯燥的任务,其注意力仅仅能高度集中 20 分钟左右,也就是说,学生在体育教学过程中,也只有前面的 20 分钟是能够做到高度集中注意力的。因此,后面的 25 分钟的课堂教学效果并不理想。因此,传统的体育课堂要完成复杂的教学内容就需要进行相应的调整和改变,微课内容的设计会更加科学合理,特色鲜明,形式活泼多样,教师的讲解也会更加清晰明了,更容易引起学生的兴趣,这对于学生在体育课堂上对相关内容的掌握程度会更高一些,理解的透彻程度也会更高一些。因此,为了促使学生保持高度的注意力来学习知识,从认知心理特点来说,微课的短时间教学方式更加有效。

3. 微课中的教学资源丰富且方便使用,学生在学习时间上能自由支配

尽管体育微课教学的时间相较于传统的课堂教学要短一些,但其中所包含的教育资源的丰富程度却并不低,采用的教学形式也有多种多样的特点。微课课程将要教学的内容都制作成精彩的教学视频,因此,教师需要对其中包含的核心内容有准确且正确的掌握,学生对这种新型的教学形式也会产生好奇心,对于吸引他们更好地参与到教学中并取得理想的教学效果都是有很大帮助的。另外,体育微课资源所占据的流量是比较少的,便于通过网络传输和发布,也能使学生个性化学习的需求得到较好的满足,可以说,体育微课教学将微课精炼性的特点体现得淋漓尽致。体育微课支持的播放形式并不是单一的,不仅支持多种移动设备上的在线播放,也可以下载储存至移动设备再进行移动学习,并且这种形式还不受时间和地点的制约,自由程度较高。如此一来,可见其作用的显著性与广泛性,不仅能补充体育教师在课堂教学中的讲解,还能作为学生课前预习的材料,能使学生获取一定的

便利,从而保证了教师课堂教学的高效率。另外,学生自主学习过程中所得到的便利、学生的学习兴趣不断被强化,以及学生所建立的创新理念,都从不同程度上得益于微课资源。

4. 微课教学内容形象化,实用性强,学生理解消化的难度小

不管体育微课的形式是什么样的,其本质上仍然是体育课,这一点是不变的。微课中教学内容的设计都是通过教师展示出来的,比如,多媒体课件中的展示或示范、讲解或配音、引导或说明、解释或纠错等,大都是教师亲自进行示范和展示而制作成的,如果在微课教学过程中用到相关的教学器械,那也是真实的,与教学相适应的,采用的教学方式和练习方法、测试等都是课堂内容的真实体现。由此可以看出,微课能够将一个实用性、直观性、可操作性非常强的课堂形式展现给学生,这就为学生更好地理解和消化知识点提供一定的便利。

(二)微课在体育教学中的应用策略

在体育教学中应用微课,首先要将其与学校所制定的教学培养目标相适应,并且将两者有机结合起来,从而保证所制定的微课的可行性与科学性。在设计微课时,要求必须要遵守学校体育的教学特征及实际教学情况,合理规划不同类型的体育课程的微课程,从而使不同类型的体育教学需要都能得到有效满足。具体来说,在体育教学中应用微课这一教学技术,可以采用以下策略。

1. 微课程要与网络教学信息平台相结合

一般来说,微课对于不同年级学生,所具体制定的教学方式是不同的。比如,对于高年级的学生来说,通常都已经具备运用网络沟通与处理知识的初步技能,通过学校地方网络信息平台,能够使自身的知识获取渠道得到进一步的拓展,知识结构与能力也会进一步充实。而对于低年级的学生来说,通常是需要在家长的陪同下参加课程的学习,因为低年级学生在处理和操作技能方面往往不能自主完成。另外,不管是低年级还是高年级的学生,

要改变当前体育教学中的内容单一的情况,进一步拓展和扩充体育教学内容的广泛性,需要教师首先认真研读体育教学大纲,从中摘取有效信息,并且结合相应要求,将与教学目标相关联的网络教学资源创建起来,以此,来将优质的体育教学资源不断填充到微课课程中,让所有的学生都能通过微课学习来共享这些新的内容信息。网络教学平台可以实现完整的教学过程,微课资源可以在某一平台上集中整合,以便学生进行系统的自主学习。微课的优势是非常显著的,而要将其显著优势最大程度地发挥出来,必须做好微课平台的选择与确定工作。将微课资源上传到网络教学平台,学生可以对教学设计、教学目标、教学内容、教学活动、教学评价等进行系统的学习,学习服务平台的功能也能得以实现。

2. 在设计微课时,主题的选择要恰当

微课的最终教学效果如何,在很大程度上受到微课设计程度的影响,因此,要求教师一定要对微课主题的选择引起重视。对于体育教学来说,要想选择合适的微课主题,首先要确定教学目标,即通过微课教学,使学生获得哪些知识点,要掌握哪些技术、技能,再以此为依据,来选择相应的体育理论或实践课中学生经常遇到的问题、难题,针对性地解决学生可能会遇到的问题和重点知识点。同理,教师设计时要尽量全面考虑,难度适当,切合要求。通过微课中体现的主题,体育教学实践中的具体问题的确定就不是难题了。

3. 对微课进行全面且深入的分析和理解,在此基础上选择合适的教学形式

微课的教学实施在时间上是有所限制的,在教学内容方面,要做好针对性的选择,深度与广度都要恰到好处,不能太难也不能太容易。另外,还要合理控制微课学习的时间,从而满足大部分学生利用课余的碎片时间学习的实际情况,因此要保证微课教学时体育知识的完整性与连贯性,这些都源自于教师对教学目标、教学内容、学习者的合理分析。教师在微课前需要明确分析

第八章 构建现代体育教学功能实现与创新应用的科学保障体系

体育微课的学习者及其基础、教学目标、课程的内容与特点等,以此来对学生的认知基础、学习能力、技术程度、需求状态,以及价值观与目标、知识与技能、过程与方法等进行深入分析。通过对上述内容的分析和总结,以得出的结果为依据,就能使教师合理地组织和设计出质量较高的微课,从而满足学生的学习需求。

在选择微课教学形式之前,要做好充分的准备工作,比如,要首先了解微课的特点、教学目标,还要准确分析学习内容、学习者的具体情况,在此基础上选择微课教学形式,才有可能保证选择的正确性与准确性,才能有针对性地采取教学方法实施教学课程。微课作为一种自主学习模式,其基础条件就是优质的课程学习资源是保障课程质量与学习效果。同时,教师还要重视微课"小而精"的特点,并以此为依据,结合学生的学习需求,来选择相应的课程内容,在有效整合优质学习资源之后,再将其应用于微课教学中,将其传授给学生。体育微课侧重于把握运动技术的内在规律,积累学生的运动经验和体验运动感受,形成体育经验积累,这一点与传统教学形势中单纯对某一个动作技术或某类体育知识加以传授是有着很大差别的。需要强调的是,微课程的目标能否达成,与很多因素都有着密切的关系,比如,教师体育教学理念、具体的教学措施和实践等。体育教师的职责之一,就是设计出科学性和可行性较强的教学实施计划,其中应该包含合适的教学形式。而要使选用的教学形式与教学发展相适应,就要求教师对多方面的因素加以考量,比如,目标预期、课程类型、教学内容、学习者的特点等。体育微课主要的教学形式有许多种,常见的有情景式、探究式、讲解示范式、演示式等。最后,在微课程发布的环节中,发布平台的选择也是至关重要的,一般地,那些在现在受众群体选择最多的、主流的、快捷的网络平台是较为理想的选择,因为其对于学生用户来说,在运用上是较为便利的。

4. 制作完整的微课

将各种学习资源整合起来,微课的制作就算完成了,一个完整的微课,是通过以视频为核心的形式将各种学习资源展示出来，其制作流程大致为：拍摄视频源文件——课程讲解录音——剪辑视频——合成讲解录音——输出视频文件——压缩与格式转换。开展体育课的目的在于增强学生的生理素质，学习并掌握体育教学内容的相关技能，培养学生坚毅的品质。微课的教学内容所体现出的特性主要有直观性、活动性、户外性和操作性等。体育微课的制作模式主要采用实景拍摄和PPT混合模式进行制作，因为这样能够有效促进体育教学实践课取得理想的教学效果。在实景现场拍摄制作微课时，为了保证课程的质量，有几个问题要加以注意：第一，教师在示范动作时，为了保证示范的效果，一定要保证示范的规范性和准确性，同时，仪态、技术动作标准等都要严格要求，动作上也要尽可能保持连贯；第二，在进行视频的拍摄时，一定要保证画面的稳定性和拍摄的画质清晰度，否则，视频的质量会受到影响，最终取得的教学效果也会不理想；第三，教师现场讲解时，要做到声音洪亮，节奏感强，尽量采用通俗易懂的口语进行讲解，书面语句尽量不用或者少用。

在制作体育微课的过程中，为了保证整体的制作水平和质量，必须对下面几个方面加以注意。

其一，在微课制作人员的利用上要明确分工，通力合作来保证微课整体质量，尤其要注意课程中动作的连贯性。由于体育教学属于动态的运动，要想展示完整的动作，就需要整个团队进行必要的取舍，过多的人员会影响画面的效果与整节课的完整度。

其二，教师在处理微课的视频时，一定要具备较高的能力，使微视频能达到使人身临其境的效果。首先要重视微课的开篇，要做到吸引人；在后期的剪辑中适当加上慢动作回放，让学生在反复观看的同时，可以仔细研究与探讨，从而为能够清晰地看出肢体动作的展示提供一定的便利。

其三，教师在微课中的讲解与表达要清晰，从而能达到动静融合、远近融合的立体表达效果，这对于教学目的的顺利达成也是有所帮助的。

其四，微课传播所选择的传播平台也是非常很重要的。微视频制作完成后,就要考虑选择适合的传播平台了,这一点关系到微视频播放的流畅性和整体效果。

除此之外,引进新资源、更新和完善课程的相关内容、弥补漏洞也是需要引起教师重视的地方,将这些方面做好能促使学生不断地自主学习,使微课程的最佳效果得以保证。

5. 要及时做好微课效果的评价与反思

微课的质量决定了其在教学形式、教学内容等方面的选择和运用是否科学合理,也决定了其能否取得理想的教学效果,因此,保证高质量的微课水平是非常重要且必要的。而要做到这一点,需要在微课结束之后,通过学生的评价与反馈来实现的。教师要时刻保持与学生之间的联系渠道,做好相互之间的沟通和交流,为教学活动提供必要的依据。教师需要借助于新媒体平台进行授课,同时,还要以积极、客观的态度来检验微课在预期的教学效果方面是否实现。学生在学习过程中通过交流与反思,能够使微课得到进一步的改进和完善,这样也能在某种程度上提高微课的实用性与高效性。微课制作的好坏主要与参照评价的主体——学生有关。通过学生对微课的评价与反思,能够对微课开发者更好地了解制作的体育微课起到推动作用,从而使他们能够对现有的微课课程进行针对性的调整和改善,甚至也可以重新构建新的微课程,不管采用什么样的方式,只要能保证微课的质量,能顺利实现教学目标,能解决体育课中出现的问题,能使学生在学习过程中掌握正确的学习方法等,就说明这一操作是科学且有效的。

受新型科学技术的不断发展与更新的影响,学校的教学模式也发生了一定的改变。微课教学形式的出现对于体育教学来说,能够起到丰富和发展体育教育资源,创新教师的教学理念和教学方法的显著作用。因此,这就要求教师必须精通网络,熟悉并理解体育教学理念,精心准备和制作微课,在制作过程中一定要对其中的各个方面都进行准确把握,从而保证微课的整体质量,这样才能把最好的内容展示在学生面前,让学生更快地领悟课堂的教学内容,同时,学生在体育微课的学习过程中,不仅使课标的要求得以完成,身体和心理素质得以提高,同时也更加了解了网络的运用技能,这就进一步加强了学生对于社会发展的适应能力。

总的来说,通过微课,不仅能使教师顺利达成既定的教学目标,同时也能让学生成功达到提高综合素质的目的。

二、动作可视化教学与电子可穿戴设备在体育教学中的应用

可视化教学是基于计算机应用技术和网络技术的新型教学方式,其在体育教学中的应用,所产生的便利是非常显著的。

我国体育事业的发展过程中,长期存在着不均衡的现象,由此便引起一些弊端产生,同时,传统体育课程教学模式中也存在着较多的不足,而通过动作可视化教学与电子可穿戴设备的应用,能够使这些不足得到有效的弥补。

(一)可视化教学在体育教学中的应用与作用

1. 提高体育教学的效率与质量

体育课程教学,实际上就是将更多的体质健康教育理念、方法、思维传授给学生,使他们养成良好的学习习惯;而传统意义上的体育课程教学,通常就是学生对教师教授动作的机械模仿、简单复制,这种教学形式在提升学生体质水平、培养先进思想、理念方面的效果微乎其微,与体育教学发展的目的和宗旨不相符。在这种教学模式下,学生在内心深处并不能对课程所学知识内容产生较强认同感,同时这种相对枯燥乏味的教学模式还会对学生的学习热情产生负面影响,不利于体育课程教学长期发展。在这样的情况下,将可视化教学引入到体育课程教学中,能够对体育课程教学动作进行分解,学生可以通过反复循环观看来记住动作要领,不管所学习的动作是简单易掌握的,还是晦涩难懂、复杂多变,学生都能顺畅地学习并熟练掌握,并且这一过程是非常愉快

第八章　构建现代体育教学功能实现与创新应用的科学保障体系

的,不存在消极情绪。与此同时,可视化教学的形式大大减少了教师反复演示、反复讲述的时间,这也就给教师挤出更多的时间用于教学设计创新、教学模式创新、教学考评机制创新等探索实践,这对于体育课程教学体系创新以及长远发展都是非常有益的。

2. 有效提升体育教学主体的综合能力

传统体育课程教学过程中,学生的兴趣稍显不足,导致这一现象的原因有二:一是传统观念对体质健康教育的偏见所致,二是传统教学模式僵化。

将可视化教学用于体育教学中后,就进一步丰富了传统教学形式用到的教学方式,除了书本和教师口授的方式外,还会经常用到音频、图片、视频甚至是 3D 投影等方式,这些方式和手段具有多样性、生动性、灵活性、变化性等显著特点,对于协同教学和复习巩固都将产生非常显著的作用,能够有效激发出学生强烈的学习兴趣,同时,也能积极调动起学生学习的积极性、主动性、自觉性。

(二)电子可穿戴设备在体育教学中的应用与作用

1. 准确预估体育教学中的运动参数

当前,体育课程教学的质量和水平成为人们关注的重点,不管是其中所涉及的教学目标、教学理念、教学模式还是教学考评机制,从数据准确性、完整性到一致性、及时性,都提出了精益求精的要求。可穿戴电子设备在体育课程教学中的应用和发展,对于体育教学所产生的影响是非常重要的。

当前,信息技术的发展速度非常快,并且很多已经应用于包括体育教学在内的各个领域,可穿戴电子设备就是其中的一个典型代表。通常,因为体育教学的特殊性,可以在此过程中应用的可穿戴电子设备就有了限制条件,即体积较小、重量较轻、防水防尘、续航能力好,对佩戴者几乎没有负面的影响,这些设备也因此受到人们的广泛青睐。将可穿戴电子设备应用与体育教学中,可以利用云计算、大数据等多种技术来全面监测运动者,并且对监测到的所有数据进行分析和统计,在精准及时记录运动者的动作规范、运动强度等数据的同时,通过数据库对比,实现对运动者运动强度、运动负荷等参数预测和估测,为运动者提供科学运动防护,从而使因运动强度过大或者动作不规范造成体能损害的情况得到有效避免。

2. 密切监测体育教学的数据库

可穿戴电子设备还可以利用强大的数据库功能,来对每一个学生对不同运动的喜好程度进行深度挖掘和分析,从而为体育课程个性化教学提供科学准确的实时数据。

可穿戴电子设备本身具有非常显著的功能,具体表现在以下几个方面。

第一,具有显著交互性特点,手势识别、脸部识别、语音识别等多种控制方式都能实现,同时,还能与手机、电脑等设备实现高效数据分享交流。

第二,还可以对佩戴者周围的环境数据变化进行有效监测,同时,还能对佩戴者多种数据进行整合,然后传输到教师控制终端,为教师第一时间了解学生训练密度、肌肉反应等数据,并及时调整课程教学进度和难度提供了便利,而这对于教学方案的优化也有积极影响。

第三,翔实准确、及时有效的动态数据群能够有效支持体育课程教学科学考评。

综上所述,运动可视化教学和可穿戴电子技术在体育教学中的有效应用,不仅能有效改变教学模式,对于教学理念和教学思维的转变也是有所助益的,能够将学校人才培养"以人为本"的宗旨充分体现出来。

第八章 构建现代体育教学功能实现与创新应用的科学保障体系

三、运动手环和 pad 在体育教学中的应用

当前,"健康第一"的思想已经成为主导思想之一,对于教师来说,提高学生体质水平,保证学生健康成长,是其在教学过程中所有工作安排的宗旨,而科学合理的运动负荷是达成这一目标的最基本要求。运动手环和 Pad 是优化教学过程的一种新型教辅手段,在体育教学中的应用尚处在探索阶段,这里就大致进行相应的探讨。

(一)通过全方位体验互动,激发学生学习的乐趣

在体育教学中,要想使学生的认知得到发展,体育技能得到有效培养,首先应该培养起学生良好的学习兴趣,因为只有让学生对所学内容感兴趣,其学习的动力和热情才能表现出来。通过运动手环的应用,使原本枯燥的跑步训练发生了改变,学生的好奇心得到有效激发,从而大大提高了学生运动的主动性,还有一些学生平时并不喜欢运动,但是由于受到运动手环能观察心率的变化情况的影响,也积极参与到体育教学的实践中了。同时,学生借助手环,能充分了解自己心率的变化,以及对其产生影响的各种运动状态,将两者相对应,就能确定出自己科学锻炼的范围和标准。

(二)心率数据即时传输,让学生健康学习

对于体育运动的参与者来说,运动负荷的选取是至关重要的,这在体育教学的安排中也不能忽视,可以说,合理安排运动负荷,在体育教学过程中是处于基础性地位的,因为很多教学过程中发生的伤害事故都与不合理的运动负荷有密切关系。过大的运动负荷,会加大学生的心肺活动压力,对于其正常功能的恢复或运动损伤的影响是负面的;如果负荷过小,那么体育锻炼的实际效果微乎其微,也不利于运动技能的掌握。因此,合理安排适

宜的运动负荷是非常重要且必要的。运动手环的使用,有利于教师及时了解学生运动负荷的情况。比如在田径运动中的跑类项目教学中,学生通过手环可以及时检测到心率的变化,了解自己的运动负荷。这样教学不仅科学性更加显著,对于学生的健康成长也是非常有帮助的。

参考文献

[1] 吴江. 体育教学与文化融合 [M]. 北京：冶金工业出版社，2015.

[2] 张振华. 体育教学理论与方法 [M]. 北京：北京师范大学出版社，2016.

[3] 陈玉群. 体育教学研究 [M]. 北京：光明日报出版社，2016.

[4] 李启迪，邵伟德. 体育教学基本理论研究 [M]. 北京：北京师范大学出版社，2014.

[5] 陈玉群. 体育教学改革与发展历程的动态研究 [M]. 北京：光明日报出版社，2016.

[6] 刘星亮. 体质健康概论 [M]. 武汉：中国地质大学出版社，2010.

[7] 张丽蓉，刘洪伟，王永祥. 体育教学的价值回归探索 [M]. 北京：中国纺织出版社，2017.

[8] 范云峰. 全民健身背景下高校篮球教学中的影响因素与应对策略 [J]. 贵阳学院学报（自然科学版），2019，14（03）：45-47，51.

[9] 李杰桃. 科学健身视角下高校公共体育教学改革初探 [J]. 体育科技文献通报，2019，27（08）：18，28.

[10] 李建臣，任保国. 青少年体能锻炼与体质健康 [M]. 北京：化学工业出版社，2014.

[11] 刘星亮. 体质健康概论 [M]. 武汉：中国地质大学出版社，2010.

[12] 王雷.全民健身背景下高校健美操教学的优化对策[J].体育世界(学术版),2019(07):130-131.

[13] 陈选华,王军.大学生健康心理学[M].合肥:中国科学技术大学出版社,2010.

[14] 高书杰,齐力.大学生心理健康教育[M].北京:中国农业出版社,2011.

[15] 苏成栋.体育教学心理解析[M].贵阳:贵州民族出版社,2013.

[16] 常益.大学体育的思想政治教育功能研究[D].东北师范大学,2019.

[17] 姜志明.中国体育教学的文化反思[D].北京体育大学,2009.

[18] 方慧.体育教育的价值回归——促进大学生素质教育和终身体育培养的体育教学模式研究[M].北京:化学工业出版社,2015.

[19] 毛振明.体育教学论(第二版)[M].北京:高等教育出版社,2011.

[20] 程晖.体育新课程背景下学校体育理论研究[M].北京:科学出版社,2016.

[21] 冯德学,熊正英.体育教育教学研究方法概论[M].西安:陕西师范大学出版社,2016.

[22] 卢锐彩.当代中国学校体育教学内容演进的研究[D].陕西师范大学,2015.

[23] 陈炜,黄芸.体育教学与模式创新[M].北京:光明日报出版社,2016.

[24] 孙威,刘明亮,金在龙.高校体育教学模式现代化改革研究[J].吉林化工学院学报,2017(04).

[25] 王华.体育教学与模式创新[M].北京:九州出版社,2014.

[26] 蔺新茂,毛振明.体育教学内容论[M].北京:北京体育

大学,2014.

[27] 杨苏琴,张晋峰.基于现代教育技术与高校体育课堂教学整合的研究思考[J].经济师,2019(12):209-210.

[28] 王晶,李照和.数字化时代下微课在高校体育教学中的应用策略研究[J].教书育人(高教论坛),2019(33):95-97.

[29] 田应娟.动作可视化教学与电子可穿戴设备在运动课程中的运用[J].电气传动,2019,49(11):130.

[30] 肖元山.运动手环和Pad在体育教学中的运用[J].小学教学参考,2019(36):50.